Rudolf Steiner
ルドルフ・シュタイナー

人体と宇宙のリズム

R.シュタイナー
西川隆範 編訳

風濤社

目　次

編訳者はしがき

みなさまは何時に寝て、何時に起きていらっしゃいますか。また、日々のおおよそのスケジュールは、どのようになっているでしょうか。シュタイナー学校の先生たちは、子どもは午後七時ごろに寝るように勧めています。

児童は朝七時から一〇時が活発で、それから一二時まではゆったりした時間、正午から午後二時までは静かな時間が必要です。二時から四時に児童は再びいくらか活発になり、午後七時ごろが就寝に適した時刻です（H・ツンプフェ「家庭における生活リズム」『シュタイナー幼稚園を育てる会会報』一九九七年春号）。子どもは午後七時に寝て午前七時に起きる、大人は残業や夜勤や早朝出勤でなかなか困難と思いますが、午後九～一〇時に寝て午前五～六時に起きる、というリズムが提案されています（九〇分ごとのレム睡眠・ノンレム睡眠を考慮すれば、大人の場合、七時間半睡眠とか六時間睡眠という考え方が成立します。このリズムは日中にも見られ、集中力の持続は九〇分といわれます）。

あるいは、「夜7時には寝かせられるように、夕食も5時すぎに済ませ、徐々に活動のレベルを静かに落としていきます。夕食をして1時間後位にはお話をして眠りにつかせるリズムを作れば、毎日を活き活きと過ごすことができます」（I・シュナイダー「眠りの大切さ」『つめくさ便り』二〇〇二年一〇月号）。「夕食を5時までに済ませ、6時頃までに息子の活動を静めていくことができた日には、7時半にお話を読むとすぐに眠りにつくことがほとんどです。……夕方6時頃、肝臓はそろそろ眠りたいと思い、翌日使われるための糖（グリコーゲン）を蓄え始めます。その時の肝臓は、もう重い食事を処理したくありません」（S・R・ジョンソン「眠りの大切さ」幸井由紀子訳『横浜シュタイナー幼稚園を育てる会会報』二〇〇二年秋号）。なお、子どもが約二四時間リズムに沿った睡眠・覚醒を繰り返すようになるのは生後半年ぐらいからで、そのリズムが出来上がるのは五～六歳ごろです。

日本の食事研究家は、家庭でも外食でも、夕食は五時から七時のあいだがよいとしています。そして、夕食後三時間以上（あるいは二時間以上）経ってから就寝するのが健康によい、といいます。ヨーロッパの古くからの伝統では、子どもも大人も昼食後の昼休みをたっぷり取り、子どもは午後七時前に眠るのが身体によいとされています（午後七時を過ぎてしまうと、九時までは血液循環が活発になるからだそうです）。

神経のリズムは〇・一秒、新陳代謝のリズムは四時間、治癒過程は七日のリズム、生殖は一《ひと》月《つき》のリズムを有しています。大人の場合、一分間に七二回の脈拍と一八回の呼吸で、四分の一拍子になっていますが、乳児では二分の一拍子、児童では三分の一拍子になっています（U・シュタープフェ『子どもの環境』一九九二年）。

午前中が勉強・知的労働に適しており、午後が野外活動・肉体労働に適していることは、だれもが経験的に知っています。夜は芸術的・情緒的なことに向いています。午前が思考、午後が意志、夜が感情というふうに分類できます。

二〇世紀を代表する精神科学＝人智学の樹立者ルドルフ・シュタイナーは、たとえば七年制の学校があれば、一年生で学んだことを七年生で、二年生で学んだことを六年生で、三年生で学んだことを五年生で繰り返すと、よく記憶に残るという話をしたことがあります（『シュタイナー心理学講義』平河出版社）。ただし、シュタイナー学校は八・四制ですから、そのようなカリキュラムにはなっていません。しかし、イメージの力の豊かな小学生時代に習得したことを、知力の発達する中学・高校で体系化することができます。

『人間の四つの気質』（風濤社）の「人体のリズム」の章で、シュタイナーは個我（たましい）のリズムは二四時間、アストラル体（こころ）のリズムは七日、エーテル体（いのち）のリズムが二八日（七日×四回）としています。そして物質的身体（からだ）のリズムは、女性が二八〇日（二八日×一〇回）、男性が三三六日（二八日×一二回）としています。

ある程度の感情的なダメージなら、とりあえず一週間持ちこたえてみると、あとは癒えていくことがあります。四週間続けて何かを行なうと、それは身について、習慣になります。子どもに同じ童話を四週間続けて毎日語ってあげると、そのストーリーに込められた知恵・力が心に浸透します。シュタイナー学校では、午前中の主要授業が四週間ほどの集中講義形式になっています。長い休暇が取れたら、保養地に四週間逗留してみると、心身ともに回復するはずです。ある所に二年ないし七年暮らして、その土地の行事を体験すると、そこが故郷のように思われてくると言います。

リズムは意志を強め、心身を力づけます。

＊

古代の日本では、一日は夕方から始まると考えられていました。いまでも、イスラム教やユダヤ教では、日没を一日の始まりとしています。シュタイナーは、一日は午後六時に始まる、と考えていました。

では、一週間はいつ始まるのでしょうか。カレンダーによって、月曜日から始まっているものと、日曜日から始まっているものがあります。ユダヤ教では、金曜日の日没から土曜日の日没までが安息日です（『聖書』で、神が六日間で天地を創造し、七日目に休んだことに由来するのが安息日です）。シュタイナーの宇宙史観では、土星時代・太陽時代・月時代・火星時代・

水星時代・木星時代・金星時代というふうに、太陽系が進化します。その宇宙の経過が一週間に反映していると考えて、土曜日を一週の始まりとします。

土曜日には正しい思考、日曜日には正しい判断、月曜日には正しい言葉、火曜日には正しい行為、水曜日には正しい見地、木曜日には正しい努力、金曜日には正しい記憶を心がけよう、とシュタイナーは提案しています。

アストロロジーでは、黄道上の太陽の位置から、毎月二一日ごろから翌月二〇日ごろまでを、一つの星座の月としています。シュタイナーは神智学者ブラヴァツキーを継承するかたちで、三月二一日から四月二〇日にかけて畏敬、四月下旬から五月にかけて均衡、五月下旬から六月にかけて根気、六月下旬から七月にかけて無私、七月下旬から八月にかけて同情、八月下旬から九月にかけて礼儀、九月下旬から一〇月にかけて満足、一〇月下旬から一一月にかけて忍耐、一一月下旬から一二月にかけて思考の統御、一二月下旬から一月にかけて勇気、一月下旬から二月にかけて慎重さ、二月二一日から三月二〇日にかけて寛大さに徹してみる、という一年の過ごし方を紹介しています。

一年が一月に始まるか四月に始まるかでも、気分が変わってきます。ちなみにシュタイナー学校のカリキュラムは、秋始まりに合わせて、季節を考慮して作成してあるので、春始まりの日本の学校では調整する必要があります。

日本の風習では、正月の準備は一二月一三日から始めます。ただ、日本の行事は本来、太陰暦で行なうものですから、太陽暦よりも約一カ月遅れることになります。キリスト教では、クリスマスの約四週前の待降節から一年が始まると考えます。そして、クリスマスにおいて地上に誕生したイエスが、復活祭（春分後の満月後の日曜）を経て、その四〇日後に昇天し、さらに一〇日のちに天から聖霊が地上の人間に降臨するという、上昇・下降のリズムが設けられています。

シュタイナーは、復活祭から一年を始めることを提案しています。そして、キリスト復活の年を紀元元年にしよう、と述べました。彼の見るところでは、イエスの死は西暦三三年四月三日午後三時のことです（釈迦は紀元前四八三年一〇月一三日の夜に八〇歳で逝去した、とシュタイナーは述べています。東南アジアで現在も用いられている暦では、紀元前五四三年を仏滅紀元としています）。ユダヤ教では紀元前三七六一年、イスラム教では西暦六二二年を紀元元年としています。いつを紀元とするかで、歴史意識は大きく変わります。

＊

シュタイナー精神科学＝人智学では、人間の一生はおよそ七年ごとに進展していくと見ていることは、ご存じの方が多いでしょう。

生まれてから七歳までに身体・意志が形成され、七歳から一四歳まではエーテル体・感情、一四歳から二一歳にかけてアストラル体・思考が形成されると考えるわけです。もう少し細かく見ると、三歳ごろに歩行が完成し、五歳ごろに言語の基礎が出来上がるという節目があります。九歳ごろになると自他の区別ができるようになり、一二歳ごろには、ものごとの因果関係を把握できるようになります。一八歳は、天動説で言うと、月が誕生の時点の位置に戻ってくるときに当たり、将来の方向を決定する時期です。

二一歳から四二歳は、個我を構築する時期とされています。二一歳から二八歳は、〈ものを感じる心〉を発展させる時期です。二七歳が一つの分かれ目になります。二七歳までは、心が発展していく体の成長とともに発展していきます。それ以降は、意識的な努力をしないと、心が発展していかないというのです。二八歳から三五歳は、〈ものを思う心〉を築く時期です。この時期には、三〇歳のころに転機がやってきますし、三三歳ごろに魂の死と復活を体験することが多いものです。三〇年というのは、土星が一巡する周期（サターン・リターン）であり、三三年は太陽の黒点の増減に関係する周期なので、太陽リズムの年数とされます。三五歳から四二歳は、〈精神的に考える魂〉を育成する時期です。このあいだに、月周期の二巡目である三七歳がやってきて、自分の方向を考え直す人があります。

月の周期や土星の周期のほかに、一二年ごとにめぐってくる木星のリズムも考慮されます。

四二歳から六三歳は、二〇歳までに学んだことと、二〇代・三〇代の経験を踏まえて、人生の完成期の仕事に向かうことになります。四二歳から四九歳にかけて、自分本来の仕事は何かを考え、四九歳から五六歳にかけて、その仕事を実行する方法を探ります。そして、五六歳から実現していくというのです。

健康で長生きしたいものですが、シュタイナーは、人間の寿命は七二年ほどだと考えていました。一分間に一八回呼吸すると、一時間で一〇八〇回、二四時間だと二五九二〇回です。他方、春分点が黄道を一周するのに要する年月は二五九二〇年です。これらからの類推によって、二五九二〇日（七一年八カ月あまり）を人間の寿命としているのです（哺乳類の一生の脈拍が一五～二〇億回ということから計算すると、人間五〇年で、化転の中をくらぶれば夢まぼろしのごとくなり、です）。

人間は地球とどのように関係しているでしょう。一マイル（七四二〇メートル）を二時間で歩くと、三六五・二五日で地球を一周できる、と古代バビロニアで言われていたという話を、シュタイナーは紹介しています（『世界史の秘密』水声社）。

太陽や月は、どうでしょう。太陽が地上の生命を育成することは、だれもが知っています。月は空想と生殖に関係する、とシュタイナーは述べています。そのほか、星々と人間生活の関連については、シュタイナー『星と人間』（風濤社）に、さまざまな興味深いことが語られています。

＊

本書に最初に収めた「宇宙と人間のリズム」では、頭の呼吸リズムと腹の呼吸リズムというテーマが出されています。続く「血圧について・呼吸について」では、思いの場である心＝アストラル体が身体に入る度合によって血圧が決まる、と説明されています。そして、昔は肺をとおして叡智を得ていた人間が、いまでは精神性を喪失しており、これは人類全体の腎臓病にあたる、とシュタイナーは語っています。

そのつぎに収めた「体操・踊り・スポーツ」では、直線的に動こうとする肉体と、円環状に動こうとするエーテル体＝生命について語られています。そして、肉体の動きがスポーツ、エーテル体の動きが踊りになっていることが指摘されています。

「人体の構築と崩壊」では、汗・尿・便にどんな意味があるかを、古代の医学と現代の精神科学の観点から解明しています。

「水の流れと宇宙」では、天空に結び付く淡水と、地球的な海水の特徴が述べられています。そして、人体の右半分と左半分、右効きと左利きにどんな差異があるか、興味深い指摘がなされています。

「墓地の話」では、墓地から発する雰囲気と、人間を活気づける木々の作用、水の作用が説明されています。

「地球のリズム」では、四季の経過を地球の呼吸過程ととらえ、地球が息を吐き出す春・夏と、息を吸い込む秋・冬が四季の祭と関連していることが語られています。

最後に収めた「太陽・月・星」と「月のリズム」では、太陽や月と人間の関係が指摘されています。人間の心魂は、創造的な十四日間と、それに続く非創造的な十四日間を繰り返し、これが月のリズムと相応することが述べられています。

ヨーロッパの古い言い伝えでは、新月の時期はものごとを開始するのに適しており、新月から満月までが摂取の時期で、満月から新月までは洗浄の作用があるといいます。

シュタイナーは、日の出とともに目覚め、日没とともに眠るというような自然生活を勧めているわけではありません。人間が自然界のリズムに従っていた状態から自立してきたことを、彼は人間の進歩と考えています。しかし、自然・宇宙の律動的な経過は今日も存在しているのですから、それらを知って、生活を整えることは有意義なはずです。

極意は、好きなように暮らしているのが、おのずと適切なリズムをなしているという生き方でしょう。みなさまが自分流の生活を築くためのヒントが、本書にあると思います。

人体と宇宙のリズム

Rudolf Steiner
Vortäge über Rhythmen im Kosmos und im Menschen
Neun Vorträge zwischen 1908 und 1924 in Berlin und Dornach

宇宙と人間のリズム

催眠術

私が幼かったころ、巡業の催眠術師の興行があって、大きなセンセーションを巻き起こしました。非常に真面目なことがらを、舞台で公衆の面前にさらす人々を、特に賞讃する必要はありません。一九世紀の七〇年代、特に八〇年代に、科学が取り上げていなかったことがら、科学が何も知らなかったことがらを舞台で上演したハンセン(注1)を、私は特別賞讃するわけではありません。しかし、ハンセンの舞台興行の影響下に、科学はこの領域を研究するようになっていきました。

ハンセンが上演して、観客を驚かせた実験を、まず紹介したいと思います。彼は椅子を二つ、離して置きました。彼はある人物を催眠術にかけ、眠ったような状態にしました。通常の眠りよりもずっと深い状態です。そして、その人の頭を一方の椅子に、足を他方の椅子に載せました。その人が通常の意識状態にあったら、椅子と椅子のあいだに落ちます。しかし、催眠術にかけられた人は、二つの椅子のあいだに落ちず、ほうきの柄のように硬直しています。

それだけではありません。ハンセンはかなり肥満した男でしたが、椅子と椅子のあいだで硬直している人の腹の上に、大胆にも立ち上がったのです。重いハンセンが腹の上に立ちました。椅子と椅子のあいだに横たわっている人は微動だにせず、ハンセンが乗っても、板のように横たわっています。

このようなことが起こるのです。実際、それは、しばしば行なわれました。それまで科学は、このようなことを何も知らず、あまり好感の持てないハンセンに教えられねばならなかったのですが、もはやこの現象を疑わなくなりました。このような状態にある人を、カタレプシー（強硬症）と言います。

（注1）ハンセン　Karl Hansen　一八三三年生まれの、デンマークの催眠術師。一八五三年にオーストリアに移住し、一八五九年以降、ヨーロッパ各地で催眠術の興行を行なった。

カタレプシー

他人の人格の影響によって、人間が木の板のように横たわり、実験的に、その上に人が立つのは、特別悪いことではありません。しかし、このような状態が小さなかたちで、生活のなかで生じることがあります。しばしば、このような状態が生じるのです。もちろん、この状態が明らかになるのは、医学的な観察を行なうときだけです。精神病と言われる特定の病気になったときに、この状態が現われます。

たとえば、以前は非常にきっぱりとした人が突然、頭が凍りついたかのような状態になることがあります。ある人が毎朝八時に仕事に行っていたとしましょう。決まった時刻に起きていたのです。しかし突然、ベッドのなかにいつづけたくなります。起きようとするのですが、起き上がる意志が湧いてきません。ベッドの横には、時計が置いてあります。もう時間です。やっとの思いで起き上がります。しかし朝食をとる意欲がありません。

やがて、「私にはできない」と、いつも思うようになります。何も決断できなくなります。ついには、身体にも症状が現われてきます。硬直するのです。かつては腕を速く動かしていたのに、ゆっくり動かすようになります。以前は跳躍選手のように駆けていたのに、いまや重い感じで、一歩ずつ歩きます。硬直し、重くなります。これは、しばしば若いころにも現われる病状です。

このような状態が、一挙に強く現われることはありません。カタレプシーになりはじめた人を、二つの椅子のあいだに横たわらせて、その上に立ったり座ったりはできませんが、その人は自分の身体をもはや正しく扱えません。

ハンセンは、別の実験も観衆のまえで行ないました。その実験も、他の人々に模倣され、そのとき以来、科学にも注目されました。好事家で役者のハンセンが注目される以前には、科学が取り上げなかった事象です。

ハンセンは観衆のなかから、任意に一人を呼び出しました。まえもって決めていた人を呼び出したのだ、と言う愚かな人々がいましたが、それはくだらない言いがかりです。彼は観衆のなかから、必要な人を見つけたのです。だれでも同じようにうまくできるわけではありません。彼は、だれが適しているかを見抜く目を持っていたのです。彼は観衆のなかから選んだ人を舞台に上がらせました。

ハンセンは、太い脚でしっかりと舞台に立っていました。彼がじっと見つめて、前に進むと、相手はうしろに下がります。突き刺すようなまなざしだ、と人々は言いました。彼が人を見るときは、瞳の上下に白目の部分が見えました。通常はまぶたによって、瞳の上下の白目の部分は見えないのに、彼の場合はまなざしがじっと固定されている、と人々は言いました。

彼が選んだ人は、そのまなざしから大きな印象を受けました。その人は無意識になった、と人々は言いました。意識がなくなり、奇妙なことが起こりました。

ハンセンは、「あなたは動けなくなった。あなたの脚は床に縛り付けられた」と、言いました。その人は一歩も動くことができなくなりました。じっと立ったままです。ハンセンは、「あなたは跪《ひざまず》く」と、言いました。その人は跪きました。「上空に天使が現われた」と、ハンセンは言いました。その人は合掌して、恐ろしく恍惚とした表情で天使を見上げました。

ハンセンは、もちろん意識の弱い人を選んだのですが、観衆のまえでその人に、このようなことをしたのです。多くの人が彼のことをペテン師だと言いましたが、彼はいかさまを行なったのではありません。彼が行なったことを、やがて科学実験所が模倣し、それが本当であることを確かめました。

頭の思考と腹の思考

そのほかに彼は、たとえばつぎのようなことを行ないました。彼が選んだ人は椅子に座り、もはや自分の考えを持たず、ハンセンが与えた考えに従いました。

ハンセンは、「リンゴだ」と言って、ジャガ芋を渡しました。その人はジャガ芋をリンゴだと思って、おいしそうに食べました。ハンセンは人に、天使を見ていると思い込ませることができただけではありません。ジャガ芋をリンゴだと思わせて、食べさせることもできたのです。

ハンセンは水を渡して、「特別上等のワインだ」と言ったりしました。そう言われた人は、おいしそうに飲みました。そのような実験を、ハンセンは行ないました。

それらの人々に、ハンセンは何をしたのでしょうか。人の意志を殺したのです。それらの人々は、もはや意志を持っていません。彼は、それらの人々の思考に影響を与えただけです。それなのに彼らは、ハンセンの指示どおりに考えねばなりませんでした。

ハンセンは、もっと別のことも行ないました。たとえば、つぎのようなことです。観客から一人を選び出し、まず催眠術にかけました。そして、「これから一〇分経ったら、あなたを起こす。そうしたら、あなたはあそこの隅に座っている人のところに行って、ポケットから時計を盗む」と、言いました。

その人は目を覚ますと、落ち着かない様子で立ち上がり、うしろの隅に座っている人のところに行って、ポケットから懐中時計を取り出しました。

最初に話した実験は、催眠術と言います。目が覚めたあとで、言われたことを行なうのは、後催眠暗示と言います。人がそのような状態になることが知られています。

これらのことがらは、人間の本性の深みを指し示します。後催眠暗示は、のちにずいぶん発展しました。適当な人を十分に深く催眠状態に導いて、「三日後に、これこれのことをしなくてはならない」と言うと、そうするのです。そのような実験が行なわれました。

人生では、このようなことがはっきりとは現われません。しかし、ベッドから起きられなくなった人物と同様、後催眠暗示を受けた人は弱まっていきます。

人生に生じる、別の状態は、つぎのようなものです。すっかり麻痺して、自分では何も手を付けられないカタレプシー状態のほかに、以前は思慮深かった人がおしゃべりになることがあります。考えがほとばしりでて、車輪のようにしゃべりつづけます。ハンセンの影響で、ジャガ芋をリンゴだと思って食べた人の場合と同じです。素早い思考を有し、考えがほとばしりでる人は、自分の腹に依存しています。

興味深いことに、人間は頭よりも腹で、ずっと速く考えるのです。腹のなかで肝臓などが考えるということを、私は何度も話してきました。頭が弱っていて、腹から来る思考に、必要な抵抗を与えて速度を落とすことができないと、考えがほとばしりでます。つまり、自分の腹によって、催眠術をかけられているのです。

人間が頭と腹という対極的な器官を持っているのは、そもそも奇妙なことです。しかも、その両方がそれぞれ考えます。頭はゆっくり考え、腹は速く考えます。頭はゆっくり考えすぎ、腹は速く考えすぎます。濃いものと薄いものを混ぜると、中間の状態ができます。人間においても、そうです。頭は腹の状態をゆっくりさせ、腹は頭の状態を速くさせます。このようにして、均衡が取られます。

二五九二〇

そもそも、対立する状態がたがいに作用しあうという世界の経過は、ここに基づきます。この点で、今日の科学はもっと多くを学ばねばなりません。通常の人間を取り上げましょう。その人がおよそ七二歳になると、二五九二〇日生きたことになります。通常、人間はこれだけの日数、つまり七二年を生きます。人間の呼吸数を数えると、一日で二五九二〇回であるのが分かります。普通に生きると、一日の呼吸の回数と同じ数の日数を生きることになります。七二歳以前に死ぬ場合は、身体が何らかの破損を受けたからです。一日に二五九二〇回呼吸し、通常の人生では二五九二〇日生きることになります。これは族長(注1)の年齢です。

「私たちは通常の人生において、族長の年齢に達するまでの二五九二〇日を生きる」というのは、何を意味するのでしょうか。それは、私たちは地球で二五九二〇回、昼と夜を通過するということです。私たちは二五九二〇回、昼と夜を体験します。昼と夜、地球は何をするのでしょうか。ゲーテ(注2)が予感していたことであり、今日では確実に言えることですが、「夜が明けると地球は光の力、宇宙の力を自分のほうに引き寄せる」のです。地球の反対側では逆になりますが、同じ経過が生じます。つまり、地球は光を吸い込むのです。夜になると、光を吐き出します。私たちが数秒で空気を呼吸するように、地球は一日で光を呼吸します。

このように、地球は私たちよりもずっとゆっくりしています。私たちが一日で呼吸する回数は、私たちの一生のあいだに地球が呼吸する回数と同じです。正確に見ると、もっと特別のことが明らかになります。血液が息を必要とし、人間は呼吸します。血液は内臓、つまり腹で作られます。ですから、下半身は速く呼吸しようとします。「人間の呼吸は下半身・腹と関連している」と、言うことができます。

（注1）族長　モーセ以前のイスラエル部族の統率者。アブラハム、イサク、ヤコブ。ヤコブの息子一二人が、イスラエルの一二部族の祖となる。

（注2）ゲーテ　Johann Wolfgang von Goethe　ドイツの文学者（一七四九―一八三二年）。代表作『ファウスト』。自然科学の分野でも、独特の業績を上げた。『シュタイナー用語辞典』（風濤社）参照。

頭の呼吸と腹の呼吸

科学が腹を研究するように、本当に科学的に頭を考察すると、頭は常に呼吸を突き返そうと努力しているのが分かります。頭は、一日に一回だけ呼吸しようとします。頭は常に、私たちの呼吸をゆっくりさせます。私たちはおよそ四秒で呼吸しますが、頭は一日に一回だけ呼吸しようとします。頭は本来、呼吸をうんと遅くしようとします。ですから、宇宙的な呼吸は本来、頭をとおして行なわれます。呼吸は身体から頭へと速く上っていき、ゆっくりと頭から身体に下っていきます。

意志が妨げられて硬直した人には、何が起こっているのでしょうか。腹の呼吸がうまく行なわれておらず、非常にゆっくりした頭の呼吸が全身に広がろうとしているのです。その人物は横たわり、ハンセンがその上に立ちます。頭の呼吸が全身を支配しようとしており、その人は硬直します。

逆に、しゃべって、しゃべって、しゃべりまくると、もはや頭の呼吸が正しくできず、身体の速い呼吸が上昇してきて、その人はしゃべりつづけます。考えがまとまらず、散漫になります。

「頭の呼吸と体の呼吸が合っておらず、惚ける危険があるとは、神様はなんと愚かな世界の作り方をしたものだ」と、おっしゃるかもしれません。私たちは絶えず、惚ける危険にさらされています。「なんていうことだ。神様は愚かな世界の作り方をしたものだ」と、みなさんは言うことができます。しかし、私はもっと別のことを、みなさんに言いたく思います。

たとえば、女性を考察しましょう。身体の速い呼吸と、頭のゆっくりした呼吸が行なわれています。ゆっくりした呼吸は宇宙的呼吸です。その呼吸を女性は、ただ頭で行ないます。頭以外の身体では、速い呼吸を行なっています。速い呼吸と遅い呼吸が入り混じります。

その女性が妊娠したとしましょう。何が生じるでしょうか。子宮において、身体の呼吸のなかに頭の呼吸が導入されるのです。こうして妊娠中の女性は、ゆっくりした頭の呼吸と、ゆっくりした下腹部の呼吸をします。身体の呼吸のなかに、ゆっくりした頭の呼吸が混ざり込み、二重に頭の呼吸をすることになります。

子宮のなかに、何ができるでしょうか。まず、頭です。受胎によって、身体のなかに何が入ってくるでしょう。普通なら頭にしかない宇宙的な呼吸が入ってくるのです。全宇宙を自分の呼吸過程のなかに受け入れるのです。受精というのは、呼吸プロセスのなかに全宇宙を受け入れることです。普段は人体は身体呼吸しかしていないのに、妊娠中の九カ月間は、普段なら頭のなかにある宇宙的呼吸が植え込まれるのです。これが受精に際して生じることです。

このような、人間と宇宙の関係があります。胎児が発生する母胎のなかで、母親は一日に一回の呼吸を必要とします。そのことによって母親が生きられるだけでなく、子どもを形成するプロセスを遅くします。普通なら頭で行なわれる遅いプロセスによって、私たちは平均七二年生きられるのです。七二年は二五九二〇日で、一日の呼吸回数は二五九二〇回です。一日一回の呼吸なら、七二年で二五九二〇回です。人間は通常七二年生き、子どもが生まれるまで九カ月かかります。私たちはいわば〈七二年〉を呼吸のなかに圧縮し、子どもができるのです。

植物

ここで地球と、地球上の植物を考察しましょう。植物の根があり、茎があり、葉があり、花があります。根を見ると、根は地中にあり、塩分に囲まれています。いたるところに塩分があります。塩は重いものです。ですから、根は重さのなかにあります。しかし、重さは克服されます。

首を切られた人間の頭を手にすると、かなり重いはずです。人間の頭は重いのです。あるいは、豚の頭を手にすると、重いです。みなさんの体に頭が付いていると、重い頭が上にあるとは感じません。重さが克服されているからです。

そのように、植物においても重さは克服されます。もしも植物が葉のなかに重さを感じたら、上に向かって生長せずに、下に向かうでしょう。しかし、植物は上に向かって生長します。植物は重さを克服しているのです。

植物は重さを克服しているので、光に近づき、光を受け入れます。光は植物のなかに作用します。光は重さとは反対に、上からやってきます。植物は光に向かって伸びていきます。根は地中の塩分のなかに植え付けられていますが、植物は太陽の光にさらされます。

太陽の光にさらされることによって、植物のなかで受精が行なわれます。胚種の付いた子房が形成されます。光の作用をとおして、新しい植物が発生するのです。宇宙的呼吸と名づけるべきものが、受精をとおして人間に受け取られます。それが、植物には毎年、光をとおしてもたらされます。植物は重さから光へ、そして受精へと生長していきます。

ですから、「宇宙の呼吸が進入してくるとか、人体内の一定の場所に頭が発生するとか、人間に関しては思考によって把握されるものが、植物界では毎年、目に見える」と、私たちは言います。無限の宇宙空間から、外界が光の形でやってきて、宇宙的なものを植物のなかにもたらします。地球の植物界は宇宙によって受精します。これは非常に興味深いことです。植物の花を見ると、「宇宙によって花は受精する」と、言うことができます。その他のこと、花粉の飛来などは、付け足しにすぎません。物質のなかでは、すべてが物質的に経過しなければならないからです。実際には、宇宙からの光によって植物の花は受精し、その光が来年の植物の胚種をもたらすのです。

霧

本来、何が生じているのか、人間には見えないのでしょうか。そこで生じていることは小さいので、通常は見えません。しかし、それを見ることはできます。

植物に生じていることを、まったく別の方法で考察しましょう。地球があります。植物ではなく、大地を見ましょう。遠くから霧が立ちのぼっています。霧は水分からできています。植物を眺めると、まったく霧に似ていないということはありません。いくらか似ているでしょう。長期間、春のあいだじゅう観察する必要があります。初め、植物は低く、ついで伸びていき、葉が分かれていきます。霧も、立ちのぼるとき、分かれていきます。植物のなかを花にまで上っていくのは、固い塩だけです。ついで、大地を眺めましょう。そこでは、水分だけが上昇します。植物の場合のように固体ではなく、水分が上昇します。

植物は、ある一定のところまで生長すると、宇宙によって受精します。霧というかたちで上昇する水分が一定のところに達すると、やはり宇宙によって受精します。そのとき、何が生じるのでしょうか。そのとき、稲妻が光るのです。受精が行なわれると、夏には、はっきりと稲妻が光ります。夏以外にも稲妻は光るのですが、目には見えません。光と熱をとおして、水が宇宙によって受精するのです。植物のなかで生じていることが上空でも生じ、稲妻として目に見えます。霧が上空で受精すると、実り多い雨が降ってきます。霧状の雲が上っていくのが見えます。それは非常に希薄で巨大な植物なのです。霧は上空で花を開き、受精し、収縮します。受精した水滴が、雨として落ちてきます。

稲妻はこのように説明されます。人々は、上空に巨大なライデン瓶(注1)のようなもの、巨大な電気器具があると思っています。それは間違いです。実際には、空中で地球の水分が受精し、その経過が地上でふたたび遂行されます。植物のなかで生じることは、植物が水よりも固いので、もっと深いところで行なわれているのです。適切な時節に、花のところで小さな稲妻が走ります。ただ、それは人間には見えません。しかし、この小さな稲妻が受精を導きます。霧と雨という現象のなかに、植物の受精の経過と同じものを見ることができます。それは人間にまでいたり、普段は頭のなかだけで行なわれている宇宙的呼吸が、下腹部に現われます。

（注1）ライデン瓶　ガラス瓶の内外両面に金属箔を張ったもの。オランダのライデン大学で、放電の研究に用いられた。

カタレプシー状態

カタレプシーの人を取り上げましょう。何がどうなっているのでしょう。カタレプシーの人の身体を調べると、その身体は塩分が特別多くなっていることが分かります。特に、頭がそうなっています。植物の根に似たような状態になるのです。私たちの頭が植物の根のように塩分に富むと、頭が硬直して惚け、それが全身に広がっていきます。歩いたり、手をあげたり、ベッドから起き上がる決意のできない人は、頭のなかに塩分が多すぎ、植物の根に似た状態になっているのです。

いつもしゃべっている人は、植物の花に似た状態になっています。人が話すとき、本来、自分が知っていることの一部だけを話します。しかし、いつもしゃべっている人は、自分が有するものすべてを語りたいのです。彼らの腹が話しているからです。腹は、宇宙を受け入れると、頭のような状態になります。しかし、そうなると、腹の呼吸は速すぎます。

ですから、「ハンセンは人々を二つの椅子のあいだに寝かせ、その上に乗ったとき、その人々を植物の根に似た状態にしていたのだ」と、言うことができます。

人間の頭と植物の根が類縁であることが分かります。頭全体を植物の根に似た状態にできます。ジャガ芋をリンゴだと思い込んで食べた人々は、花に似た状態にされていたのです。腹・下腹部は花に似ているのです。ハンセンが科学者たちに示したことは、今日でも行なわれています。しかし、全宇宙との関連は、今日まで明らかにされていません。

誤った頭の呼吸、あるいは誤った腹の呼吸によって私たちが惚けるような、愚かな作り方を自然はしたのかという問いにも、いま答えることができます。私たちは頭の呼吸によってカタレプシーになります。思考の洪水があって、私たちの意志を用いることができないと、私たちはしゃべります。愚かな人々が、「自分が世界を作っていたら、別様に作っていただろう」と、言います。「そうしたら、人間が惚ける危険はなかっただろう」と、言います。その人に対して、「人間の腹のなかにも頭の呼吸を発生させることができず、私たちが硬直したなら、そもそも人間は生まれなかっただろう。受精が行なわれず、地上に人間はいなかっただろう」と、答えることができます。

私たちが惚ける危険は、そもそも人間が誕生できるということと関連しているのです。自然のなかに、人間を発生させない意図があったなら、私たちが惚ける危険はなかったでしょう。しかし、人間が発生する必要があったので、惚ける危険もなくてはなりませんでした。このように、あることは別のことと関連しています。いかにものごとが関連しているかを見ると、人間が自然を罵《ののし》ることには根拠がなくなります。

「2×2が4だなんて、何とばかばかしい。2×2は6にしてほしいもんだ」と、言うこともできるでしょう。しかし、そうはいきません。人間が惚ける危険なしに地上に存在するというふうにもいかないのです。このようなことを、正しく見抜く必要があります。そうすると、いたるところで、ものごとを正しく見るようになります。

稲妻

稲妻を見たら、「稲妻は上空にだけあるのか」と、言うことでしょう。

そうではありません。夏のあいだじゅう、植物が受精するとき、草原・森のいたるところに、稲妻が光っています。そして、私たちのなかで、いつも稲妻が走っています。稲妻が走るときに見られる現象が、内的に私たちを貫きます。私たちの思考が、私たちの内なる稲妻なのです。

もちろん、私たちの思考のなかでは、稲妻はかすかに光ります。しかし、みなさんは「私が稲妻を見るとき、そこには宇宙の思考が現われている。稲妻は、私のなかにあるものと同じものだからだ」と、言うことができます。

ただ、迷信ではなく、科学的に考察しなければなりません。

一九世紀末には、科学はこのように重要なことがらにまったく注目していませんでした。ハンセンのような山師・詐欺師が現われて、それらのことがらを人々に示さねばなりませんでした。それから科学は、これらのことがらに注目しはじめました。人々が言うように、一九世紀後半・一九世紀末における科学は進歩していなかったのです。

たしかに、外的な領域については、大きな発見がなされました。レントゲンなどが発見されました。しかし、人間の内的な領域については、人々はそもそも何もちゃんとしたことを知ろうと要求しませんでした。今日にいたるまで、そうです。ですから、科学は人間のことを知る役に立ちませんし、人間のことを知る助けになりません。

今日、大学では、人間のなかに作用するものについて教えられていません。また、植物の受精に際して、本来なにが起こっているかも説明されません。霧が昇り、雨が降ることについて、「蒸気が昇り、また落ちてくる」と、説明されます。これでは何も明らかになりません。そうではなく、蒸気が上昇し、宇宙によって受精する領域にいたるのです。受精した証拠が稲妻です。

二四時間に昼と夜があるように、一年には冬と夏があります。人間の一生は二五九二〇日です。二五九二〇年前には今のような地球はまだなく、二五九二〇年後には今のような地球はもうありません。私たちは今、およそ中央をやや過ぎたところです。つまり、今のような地球はおよそ一三〇〇〇年前にできました。今のような地球は一一〇〇〇年後には崩壊します。人間が二五九二〇日生きるのと同じく、今の状態の地球は二五九二〇年間持続します。地球は変化していきます。かつては若く、やがて老いることでしょう。

毎年、地球のどこかの地点で、水が宇宙に触れなくてはなりません。そうしないと、地球は生きていくことができません。これは非常に重要なことです。私たちが空気によって生きるように、地球は宇宙によって生きます。空気がなくなったら、私たちは一日に二五九二〇回の呼吸ができないでしょう。太陽つまり光がなくなれば、地球は生きられません。私たちが周囲の空気によって生きているように、地球は全宇宙によって生きています。

ですから、「私たちは地上を歩む。地球は宇宙を運行する。私たちは地上で呼吸する。地球は宇宙で呼吸する」と、言うことができます。

血圧について・呼吸について

血液の循環

先の講義に結び付けて、いくつかのことを話しましょう。そうすれば、いかに人体が心魂に貫かれているかが証明されるでしょう。きょうは、血液循環を考察してみましょう。血管のなかの血液が人体を流れていることは、ご存じでしょう。血管を有する肺で、血液は呼吸から酸素を受け取り、そこから心臓に行きます。心臓から全身に行き、赤かった血が、身体を巡るあいだに青くなります。それから、青い血が心臓・肺へと戻り、ふたたび酸素によって赤くなります。このように血液は全身を循環します。

血液が身体を巡ります。非常に簡単な液体の循環を思い浮かべてみましょう。

丸い管があるとしましょう。この丸い管のなかに、赤い液体を入れます。このような管で、液体を動かすには、ポンプがなくてはなりません。ですから、ここ（図の矢印）にポンプがあって、赤い液体を動かすと考えましょう。管の上部を開放すると、液体が噴出します。しかし、そうしないで、上部に管を継ぎ足しましょう。そうして、液体を動かします。そうすると、液体はいつまでも循環します。

液体は回転させられます。液体がポンプによって回転させられると、上の管のところで液体がいくらか上昇します。しかし、少し上がるだけです。ポンプに強い力を与えると、もっと高く上がります。弱い力だと、高く上がりません。その高さによって、循環する液体の圧力を測ることができます。

似たようなことを、人間の血液で行なえます。血管のどこかに、このような管を付けると、血液がいくらか高く上ります。血管のどこかに、管を差し込むことができます。たとえば腕の動脈に、アンプル状の管を差し込むと、血管から血液が少し、その管のなかに流れ込みます。

人によって、その管のなかの血液の高さが、高かったり低かったりします。その管のなかで、血液が非常に高く上がる人がいます。ほかの人の場合は、そんなに高く上がりません。その管のなかで示されるのは圧力です。ですから、人間にはさまざまな血圧があることになります。血管のなかで血液が強く圧迫されたら、血液は管のなかで高く上がります。圧力

が弱いと、高く上がりません。

血圧

血液が循環するためには、人間はポンプを必要とする、と唯物論者は思います。私がいま示したのは、外的な器具にすぎません。実際のところ、人間の身体のなかには、このようなポンプはどこにもありません。心臓はポンプではありません。人間にはポンプがありません。血液は、まったく別のものによって動いています。きょうは、それを明らかにしてみましょう。

しかし、血圧を示す血の柱の高さがさまざまであることを、まず明らかにしようと思います。三〇歳から五〇歳の健康な人の場合、血液の高さはおよそ一二〇ミリから一四〇ミリです。この圧力計で、血液の高さがたとえば一一〇ミリしかなかったら、その人は病気です。もしも一六〇ミリだったら、血圧が高すぎます。血液の圧力が強すぎます。一一〇ミリしかなかったら、低血圧です。血液の圧力が弱すぎます。私たちの身体には一定の血圧が必要であることが分かります。血圧によって、一定の強さで圧迫されていなければなりません。

高い山に登ると、外の空気が薄くなります。外気が薄くなるので、内からの圧力は非常に強くなります。そうすると、出血することがあります。これが高山病です。私たちは一定の血圧で世界を歩まねばなりません。

まず、血圧の低い人を見てみましょう。血圧の低い人は虚弱で、疲れやすく、青ざめており、消化に苦しみます。内的に弱っており、身体機能がしゃんとしません。そのために、しだいに衰えていきます。血圧が低すぎる人は、疲れ、弱り、病気になります。

血圧の高すぎる人を見てみましょう。しばしば、特徴的な現象が現われます。血圧の高い人は、だんだん腎臓が機能しなくなってきます。腎臓のなかにある血管その他が傷んでいきます。腎臓に石灰が付き、膨らみます。血圧の高すぎる人が死んだあと、解剖すると、腎臓が傷んでいます。

「これらは何に由来するのか」と、問うことになります。

血圧とアストラル体

唯物論的に思考する人には、血圧と腎臓病の関連が不明です。「私たちが自分の内に有する圧力、すなわち血圧のなかに、私たちのアストラル体（注1）が生きている」ということを明らかにしなければなりません。アストラル体は、人間の超感覚的身体です。アストラル体は何らかの実質、何らかの素材のなかに生きているのではありません。アストラル体は力のなか、血圧のなかに生きています。

私たちの血圧が正常だと、アストラル体は健康です。中年では一二〇から一四〇です。血圧が正常だと、目覚めるとき、アストラル体は物質的身体のなかに入って、心地よく感じます。アストラル体はあらゆる方向に広がることができます。正常な血圧（およそ一二〇ミリ）だと、アストラル体は血圧のなかで正しく広がれます。そうすると、アストラル体は目覚めに際して、物質的身体のあらゆる部分に入っていけます。血圧が正常だと、私たちが起きているあいだ、アストラル体がいたるところに拡張しています。

アストラル体は、私たちの内臓器官が正しい形態を持つようにします。私たちがいつも寝ていると、つまりアストラル体が常に外にあると、私たちの内臓にすぐ脂肪が付きます。そうなると、器官は正しい状態にありません。アストラル体がエーテル体(注2)を刺激すると、私たちの器官は健康で、正しい形態を持ちます。アストラル体が広がれるためには、血圧が正常でなくてはなりません。

（注1）アストラル体　思い（感受・情動・思念）の場である心のこと。『シュタイナー用語辞典』参照。

（注2）エーテル体　物質的身体に浸透して、身体を生かし、成長させる生命要素。『シュタイナー用語辞典』参照。

低血圧・高血圧

空気ではなく、炭酸が満ちている部屋のなかに、人が入っていくとしましょう。そうすると、その人は卒倒します。呼吸できないのです。血圧が正常でない身体のなかでは、アストラル体と個我が生きることができません。

人間が眠ると、アストラル体と個我は身体の外に出ていかねばなりません。低血圧だとしましょう。血圧が低すぎると、目覚めるとき、アストラル体が正常に物質的身体のなかに入りません。そうすると、アストラル体の活動がわずかになります。そうなると、人間は自分の身体のなかで、絶えず小さな失神を感じます。血圧が低すぎると、人間はいつも小さな失神を感じ、その結果、虚弱になり、器官が正しく形成されません。器官は常に新たに形成されねばならないからです。器官は七年ごとに、新たに形成されねばなりません。アストラル体がいつも活動的でなくてはなりません。

血圧が高すぎるとしましょう。血圧が高すぎると、どうなるでしょうか。もし、空気中の酸素と窒素の混合が異なっていたら、私たちは気分が悪くなります。空気中では、七九パーセントが窒素で、残りがおもに酸素です。空気中には、酸素が少ないわけです。もし空気中に酸素がもっと多かったら、私たちは二〇歳で老人になっていたことでしょう。私たちは早く老けていたでしょう。

物質的身体が早く老けるかどうかも、アストラル体にかかっています。血圧が高すぎると、アストラル体は物質的身体のなかにいるのが気に入ります。アストラル体は深く入り込みます。その結果、どうなるでしょうか。その結果、すでに三〇歳で、本来なら七〇歳のときのような腎臓になります。血圧が高いと、私たちはあまりに早く生きるのです。

腎臓は敏感な器官なので、早く退化します。老いるというのは、器官が次第に硬化することです。血圧が高すぎると、敏感な器官は早く硬化します。高血圧の場合の腎臓病は、その人があまりに早く老けているしるしなのです。本来なら老年時の腎臓の状態に、若くしてなっているしるしです。

人間の物質的身体のなかには心魂、つまりアストラル体があり、それは夜、身体から出ていきます。「人間は、身体のなかで発展する力のなかに生きている」と、言うこともできます。素材・材料のなかでなく、力のなかに生きているのです。

二〇世紀

いま説明したような現象に関して、唯物論的科学はまったく無力です。唯物論的な科学は問題点に達することができません。本には、「高血圧の場合、腎臓病になる恐れがある。しかし、そのあいだにどのような関連があるのか、説明できない」と、書かれています。それは実は、「私たちは超感覚的なもの、精神や心魂が人間のなかにあるのを認めたくない」ということなのです。

しかし、超感覚的なもの、精神的なもの、心魂的なもの抜きには、説明ができません。今日の人間は、世界をどうしてよいのか分からない状態です。今日現われている外的な事象、世界でとめどなく増えている悲惨は、近い将来、もっとひどいものになるでしょう。人々が精神的なものを思考に受け入れようとしないからです。このような悲惨が生じているのは、人間が現実について知ろうとしないからです。

人間は精神的なものに取り組まないと、現実について何も知ることができません。一九世紀に人間は、外的な事物についてのみ教わるようになりました。心魂的なもの、精神的なものについて理解することは、もはや重視されなくなりました。今日、人間は世界に精神的なもの、心魂的なものがあるということを、まったく感じていません。

時が流れて、人間がふたたび精神的に事物を見るようになると、「二〇世紀初頭に、人類史にとって非常に重要なことが起こった」と言うことでしょう。

古代の戦争について、今日いろんなことが語られています。歴史の本に載っている戦争すべては、一九一四年に勃発した戦争に比べると、ささいなものです。そのことに人類が思いいたらないのは、信じがたいことです。今日、人類の下で起こっていることに比べれば、歴史書に記されていることがらはささいなことなのです。何が問題かを洞察するためには、現実にあるものを深く見る必要があります。今日の人間は、そうしていません。

ジャガ芋

たとえば、ある時代に、初めてジャガ芋がヨーロッパにもたらされました。人々はおもに何を食べているか、と尋ねてみましょう。ジャガ芋です。空腹になりはじめると、まずジャガ芋のことを考えます。今日、人々は以前よりもたくさん、ジャガ芋を食べています。

五〇〇年前には、ヨーロッパではジャガ芋を食べていませんでした。そのころ、ジャガ芋はまだなかったのです。人々は、まったく別のものを食べていました。ジャガ芋を食べるか食べないかは、人間の精神しだいです。ほかのことすべてでも、精神が決めます。

この数百年で、恐ろしく多くのことが変化しました。理論をしゃべりちらすことは、何の価値もありません。美しい理論を立てることはできます。ルソー(注1)理論、マルクス(注2)理論、レーニン(注3)理論など、すべて考え出されたものです。これらの理論だけでは、何もできません。思考内容は、その思考内容によって何かを始めることができるときにのみ、価値を有します。これらの美しい思考内容を打ち立てた人々は、実際、まったく無知だったのです。人間がまったく無知であるのが、現代の特徴です。

彼らは、いかに地球が楽園になるかという理論を打ち立てようとしました。しかし、ジャガ芋を食べると人体がどうなるかを、まったく知りませんでした。人々が知るべきことを、まったく知ろうとしないというのが、今日たいへん気になることです。

大衆は、「お偉いさんが大学で学ばれたことは正しい」と思い込まされています。彼らは成人学校を作り、ほかの人々が知っていることを、自分たちも知ろうとします。しかし、まさに知識を仕事に役立てるべき人々が、本当に何も知らないのです。そのため、今日ではあらゆることが語られながら、根本的に何も知られていないのです。

もちろん、ジャガ芋だけが問題なのではありません。多くのものが問題です。しかし、ジャガ芋が際立った例なので、ここで話しました。近代に恐ろしく多くのものが生じて、二〇世紀初頭には一挙に爆発しました。きょうは、そのなかで非常に意味深いことを示唆しようと思います。

（注1）ルソー　Jean-Jacques Rousseau　フランスの思想家（一七一二—七八年）。民主主義理論を唱えて、フランス革命の先駆となった。著書に『人間不平等起源論』『社会契約論』など。

（注2）マルクス　Karl Marx　ドイツの経済学者（一八一八—八三年）。科学的社会主義を唱えた。主著『資本論』。『シュタイナー用語辞典』参照。

（注3）レーニン　Vladimir Il'ich Lenin　ロシアの革命家（一八七〇—一九二四年）。ロシア革命を指導し、ソヴィエト連邦を樹立した。

ヨーガ

これから私が話すことを聞くと、みなさんは笑うかもしれません。しかし、これは大変まじめなことがらです。青二才が大学に行くと、実験室に案内されます。彼は怠けながらも、テストがあるので、勉強しなければなりません。

太古のインドでは、若造は実験室や病院に連れていかれません。何よりも、自分の内面を吟味しなければならないのです。結跏趺座《けっかふざ》して、視線を鼻先に集中します。外界を見てはなりません。そうすると、どうなるでしょうか。そのような人々が、今日まだヨーロッパにいます。彼らは内的に賢明になりたくて、古代インド人の真似をします。しかし、そうしても、今日では何にもなりません。

太古の人は、そのようにすることで、外界からみずからを閉ざしました。鼻先には特に多くのものは見えません。いつも鼻先を見ていると、目が寄り目・やぶにらみになるだけです。歩かずに座ってばかりいると、自分の内に重さを感じません。これらの人々は重さを除外し、感覚印象を除外し、耳をかたく塞ぎ、自分の身体に没頭しました。これが、この訓練の意味でした。

鼻先を見ることが大事なのではありません。それは、そんなに面白いことではありません。

外界から自分を閉ざすことに意味があったのです。そうすると、まったく別様の呼吸をするようになりました。呼吸・肺が別様になりました。そのような訓練をとおして、肺を特別の活動状態にしたことによって、内的なイメージが彼らに現われました。そうして、彼らはある知識を得ました。ものごとが本来どうなっているか、人々に語ることができました。たとえば、いま述べた訓練によって、植物に生起していることが分かりました。

今日、若造が大学で壁に並んで座禅を組み、鼻先を見つづける、と考えてみてください。今日では、そんなことは無意味だ、と見なされるでしょう。しかし、外で実験を行なうか、人で実験するかの違いは、実験室で実験すれば物質のことが分かり、人間で実験すれば人間のことが分かるということです。

人間のことを、古代人は現代人よりもよく知っていました。しかし、どのようにして彼らは、人間のことをよく知ったのでしょうか。通常とは異なった肺の活動をとおしてです。これが、肺を特別の活動状態にもたらすための手段でした。肺が脳を刺激します。そして、原初の美しい知識にいたります。

呼吸と知識

人間のなかに肺があり、肺のあいだに心臓があります。古代には、肺の知識が頭のなかに上昇しました。人間の頭は本来なにも行なえないというのが、知識の秘密です。頭は本来、世界について多くを知りません。頭は内部のみを知ります。もしも、私たちが目も耳もない、閉じられた頭だけを持っていたら、自分については非常に多くを知ったでしょうが、外界については何も知らないでしょう。

外界から私たちのなかに入ってくる最も重要なものは、空気です。空気は頭も刺激します。鼻をとおって、また、かすかながら目をとおって、耳をとおって、いたるところに空気が入ってきます。空気が頭を活動させます。六〇〇〇年、八〇〇〇年と過去に遡ると、人間は知識を得るために呼吸の訓練をしていました。空気を普通とは別の方法で頭のなかに押し込むと、知識が得られることを、彼らは知っていました。

今日では人間は、「空気を吸い込んで、息を止めると、空気は体内にとどまる」ということだけを知っています。古代人は、「特別の方法で空気を吸って、鼻先を見ると、鼻の筋肉が圧迫されて、頭で知識が開く」と知っていました。

中世・近世まで、そうだったのです。紀元四世紀から、人間はものごとを知るのをやめました。知識は消え去りました。本のなかに、記憶がとどめられました。これが古代と、紀元前八〜九世紀に始まった時代との違いです。古代には、知識のための頭を人間は持っていました。のちには、知識のための本を持つようになりました。

これは大きな違いです。密儀と呼ばれた古代の教育施設では、知識を書き留めることはありませんでした。知識を頭のなかで読むように訓練されました。本当の識者は、広い世界にあるものを、頭のなかで読めるにちがいありません。頭が本だったのです。呼吸をとおして、頭から叡智を受け取ることができたのです。

それから、人間の頭がもはや価値のないものになる時代がやってきました。頭はまだありますが、からっぽになり、すべては本に書かれました。紀元前数世紀には、古代の叡智が書かれた本がたくさんありました。それらを教会は焼却しました。人間が頭から汲み出した古代の叡智を、子孫に伝えたくなかったからです。教会は古代の叡智を激しく憎み、根こそぎにしました。

人智学（アントロポゾフィー）は人間に、からっぽの器ではない頭を、ふたたび与えようとします。しかし、それは教会が激しく憎むことなのです。人間はふたたび、今日の本には書いてないことを、自分で知るようになるべきです。古代の叡智は燃やされてなくなり、本に書かれている新しい叡智は、外的なことに関するものだけです。

肺と腎臓

人間が一九世紀にいたるまで考えてきたことは、古代から相続したものです。それは、肺によって刺激されたものです。「肺による知識」と言うことができます。頭は肺・呼吸に刺激されます。肺による知識です。

一九世紀には、いくつもの自然科学的な発見がなされました。しかし、思考内容は見出されません。思考内容はすべて、古代から受け取りました。思考内容は、人類の古代にのみ与えられたのです。一九世紀には偉大な発見がなされましたが、古代の思考内容によって考えられたのです。それは、肺による古い知識でした。「現代の学者よ、内面についての思考内容を得るために、結跏趺座して鼻先を眺める古代インド人を、君は軽蔑している。君は座禅はしない。しかし、君はレントゲンなどを見出すために、本に書かれた古代インド人の思考内容を利用している」と、言えます。人々は古代の思考内容によって、すべてを見出したのです。

一九世紀の経過のなかで、人間の肺は、頭に何かを与えることが、まったくできなくなりました。一九世紀に、人間の肺は大きく変化しました。そして一九世紀には、腎臓が肺よりもずっと重要になりました。腎臓は最初、心臓の活動と深く関連しています。肺から下方の器官に刺激が移るとともに、人類は大きな混乱に陥りました。

精神界は、肺を考慮します。人間が肺による知識を有していたころは、空気を吸うことによって知識が刺激されました。今日、人間は腎臓の刺激をとおして知識を得るように指示されています。しかし腎臓自体は、頭に何も与えません。『いかにして高次世界の認識に到るか』(注1)に述べたような修練を行なわねばなりません。「人間がまだ、肺から頭への刺激を有していたころは、肺のなかに精神的なものが流れ込んだので、知識を獲得できた。腎臓のなかには、精神的なものが無意識に流れ込む。だから、『いかにして高次世界の認識に到るか』に書かれているような、精神的なことを意識的に行なわないと、人間は精神について何も知ることができない」と、言わねばなりません。

そのようなことを行なう気にならないと、どうなるでしょうか。そうすると、肺は何も刺激を与えず、人間は知識について、自分の腹・腎臓に依存します。このように、二〇世紀に、肺による知識から腎臓による知識への移行がなされたのです。肺による知識は、まだ精神性を有していました。腎臓による知識は、人間が精神性を与えないと、精神性のないものになります。大きな変化が人間に生じたのです。この変化は、二〇世紀に入ってから二〇年間で行なわれました。認識器官が肺から腎臓に移ったことほど重要な事件は、人間本性のなかで、まだ起こったことがありません。アストラル体は腎臓のなかに何も見出さないので、人間の頭のなかに唯物論という混乱が入ってきました。

（注1）『いかにして高次世界の認識に到るか』　瞑想修行の心構えと方法について述べた、シュタイナーの著書。邦訳、イザラ書房、筑摩書房、柏書房。

鉱泉

二〇世紀には、世界のなかで道理をわきまえず、何を始めたらいいのか分からない人がたくさんおり、ついには大戦争に突入しました。なぜ、そうなったのでしょうか。何があったのかを探るには、時代を叙述しなければなりません。

中世、および、それ以降、恐ろしく大勢の人々が巡礼に出かけました。ルルド(注1)や、それを真似た巡礼の地です。「そこに行ったら健康になる。ルルドの水を飲んだら健康になる」と、聖職者が語ったからです。一九世紀には、「健康になるためにはルルドに行かねばならない」と、聖職者が人々に語りました。

近代には医者が、「カールスバート(注2)やマリエンバート(注3)やヴィースバーデン(注4)などの温泉に行かねばならない」と、語ります。医者が患者に、「腎臓がよくありません。カールスバートやマリエンバートやヴィースバーデンなどの鉱水を、できるだけたくさん飲まねばなりません。鉱水が腎臓を通っていきますから」と、言います。

多くの人々は、冬に腎臓の活動を放置し、腎臓が彼らのなかで考えています。そして、精神的な刺激なしに、夏になるとカールスバートやマリエンバートやヴィースバーデンなどの鉱泉に行って、腎臓組織を改善するのです。彼らは、精神的な刺激を望みません。しだいに、下腹部だけの癒しが、迷信のように広まっていきました。

大事なのは、精神活動に内的な関心を持つことなのです。精神的な刺激に関心を持とうとしなければなりません。精神的な刺激なしには、腎臓は順調になりません。二〇世紀において人々は、心魂をとおして考えるべきだったのに、ただ腎臓をとおして考えたのです。

一般的な混乱のなかで、明晰さを保った人々は、「二〇世紀初頭の大戦争は、いったい何だったのか。それは人類の腎臓病だったのだ」と、言うでしょう。

ものごとが実際にはどのように関連しているかを見出すことが本当に重要です。そうすると、いかに青年たちを教育すべきかが分かります。今日のような青年教育はすべきでないことが分かります。青年期・少年期の美しい年月を、今日とはまったく別様に過ごさねばならないことが分かります。

しかし一九世紀は、心魂と精神について何も知らないことを自慢し、その結果、巨大な腎臓病が現われました。その病状が、今日でも世界を忍び歩いています。未来には、「二〇世紀初頭に、人類はどうして朦朧となったのか。自覚症状のない腎臓病によってだ」と、言われることになるでしょう。

(注1) ルルド　フランス、ピレネー山麓の町。一九世紀に羊飼いの少女が聖母マリアを見たという、奇跡の泉がある。

(注2) カールスバート　チェコスロバキア北西の温泉地。現地名、カルロヴィ・ヴァリ。

（注3）マリエンバート　チェコスロバキア、ボヘミア地方の保養地。現地名、マリアンスケー・ラーズニエ。
（注4）ヴィースバーデン　ドイツ、ヘッセン州のライン川沿いの保養地。

二つの道

今日、私たちには二つの道が可能です。ものごとを、いまの状態のまま進行させることもできます。そうすると医者には、やるべきことがたくさんできるでしょう。人間は、理性的に考えることが、ますますできなくなるでしょう。ますます疲れるでしょう。確固とした理性的な方向で進もうとは、ますますしなくなるでしょう。まったく無意味ないとなみが、今日非常に栄えており、今後さらに広まっていくでしょう。

人間は虚弱になり、医者は尿を検査するようになるでしょう。そうすると、さまざまなものが見出されるでしょう。蛋白・糖分などです。腎臓の活動が不調だ、と分かります。尿のなかに蛋白や糖分が見出されると、腎臓の活動は不調なのです。「奇妙なことだ。世界はいままで、このような方法で、こんなにたくさんの糖分・蛋白を製造したことがない」ということが分かるでしょう。

しかし、その原因は分からないでしょう。せいぜい、賢い産業家が抜け目なく、尿中の糖分を工業に用いることを思いつくぐらいでしょう。それが、一つの道です。

もう一つの道は、こうです。外的な制度について語るのをやめて、人類の精神生活を改革するのです。何よりも学校生活を改革し、人類の精神生活を改革し、正規の精神的な思考を人間のなかにもたらすのです。そうすると、外界でどのように正しく生きるべきかが明らかになるでしょう。人間は理性的な思考を有すると、外界で正しく生きることを希望できるからです。

もちろん、それは、いままで行なった活動を継続するだけでは達成できません。根本的に考え方を変えることが必要です。外的な手段ではなく、人間が何かを知ろうとしはじめることによってのみ、世界はよくなります。唯物論者たちは、物質のことをよく知っていると思い込んでいます。彼らは、まさに物質のことを何も知らないのです。「悲惨はどこから来るか。悲惨は、たとえば経済状態から来る」と、唯物論者は言います。

これは、「貧困はどこから来るか。貧困は貧乏から来る」と、言っているようなものです。

これは言い抜けにすぎません。もちろん、経済的貧困が人間に作用し、人間によって経済的貧困が作られるのです。今日、非常に多くの人々が闇屋・悪徳商人になろうという衝動を持っています。今日、大変重んじられている人体が、精神的な刺激を受けねばなりません。唯物論者は、「人体が重要なのだ」と、言います。

高血圧

人間が精神において知るものが重要なのです。唯物論者は血圧を測ります。しかし、低血圧・高血圧が何を意味するか、知りません。低血圧は、アストラル体と個我があまり物質的身体に入っていないことを意味します。高血圧は、アストラル体と個我が物質的身体に深く入りすぎていることを意味します。

人類の歴史の経過のなかで、血圧がゆっくりと高くなりつづけてきて、今日、人間は高血圧に苦しんでいます。人間は今日、目覚めると、血圧が高すぎる状態で生きます。高すぎる血圧は、アストラル体と個我に食らいつきます。その結果、アストラル体と個我が完全に物質的身体のなかに入ります。この状態は、人間が精神的刺激を受け、精神的なものに本当に関心を持つと、改善されていきます。

人智学（アントロポゾフィー）理論を学ぶことで十分なのではありません。単に人智学理論を学ぶと、外的に思考内容が刻み付けられます。そうあってはなりません。人間が受け取るものが、人間を内的に貫かねばなりません。

淀んだ空気のところから新鮮な空気のところへと出れば、内的な喜びがあります。今日、「知識」と名づけられている「がらくた」すべてから抜け出て、ふたたび精神について語られる新鮮な心魂の空気のなかに来ると、内的な喜び、内的な関心が生じるにちがいありません。

この内的な喜び、深い関心が、精神生活には必要です。人間がこのような関心に触れると、重くなりすぎている今日の人間の血が、ふたたび軽くなります。腎臓は精神化されます。人間が何世紀も前から受け取ってきたものの意味を検討すると、世界はよい方向に向かうでしょう。

このことを、繰り返し述べねばなりません。私たちが真理を直視すること、うわべの学問に幻惑されないことが大事です。

きょう明らかにしたかったのは、人類史の大事件は人間の内面と関連している、ということです。決まり文句ではなく、現実を解明する必要があるということです。

体操・踊り・スポーツ

人口の増加

いま生きている人間は、過去に何度も地上に生きたことがあり、これからも地上に受肉することになる、と人智学《アントロポゾフィー》・精神科学では考えます。人間の心魂は繰り返し、地上に生まれてくるのです。これは、「人間は動物に生まれ変わる」という、古代に信じられていた教えとは違います。しかし、人間の輪廻転生に対して、二つの異議が可能です。

普通の見解では、地球の人口は増える一方です。たとえばヨーロッパには今日、一五〇〇年前に比べて、多くの人間が生きています。前世へと遡って探究すると、いまの人口は多すぎるのではないか、と思われるでしょう。

「昔は、地上の人間の数がもっと少なかった。今日では、多くの人間が生きている。過去の人々が、現在のような膨大な数の人体のなかに現われることが、どうして可能なのか」と、言われるかもしれません。

このような問いが、頻繁に発せられます。今日、地上に存在する人間は、かつて存在した人間に比べて多すぎる、というわけです。

さて、さまざまなことを考慮しなければなりません。まず統計学者は、人口が異常に増えている地域だけを調べて、地上の人口は増えつづけている、と考えます。三〇〇〇年前・四〇〇〇年前には、ごくわずかの人間しか生きておらず、今日では非常にたくさんの人間が地上にいる、と言うのです。ヨーロッパでは、一五〇〇年間で人口が約二倍になった、と言われます。さらに計算していって、二〇〇〇年前・三〇〇〇年前には、ごくわずかの人間しかいなかった、と思います

古代の人口

これは、私たちが知っている事実と矛盾します。つぎのようなことに、注意したいと思います。紀元前二〇〇〇年に遡ってみましょう。エジプトのナイル川流域に、巨大なピラミッドが建造されました。ナイル川全体が改修されました。これらの巨大な建造物を作るのに、どれくらいの群衆が必要か、考えてみてください。たとえば巨大なスフィンクスだけを作るのでも、たくさんの人手がいったことが分かると思います。

「当時、エジプトの人口は少なかったというのは、まったく正しくない。たとえば、今日のザクセン州やベルギーの人口よりも、ずっと多くの人々が当時のエジプトに住んでいた」という見解に、私たちはいたります。地球進化を遡っていくと人口が少なくなっていくというのは、歴史の事実と決定的に矛盾します。

アジアに行くと、巨大な運河が建設されています。ヨーロッパ、アフリカ、ナイル川、エジプト、アジアがあります。巨大な大陸です。ピラミッドなどを建造した、ひしめくほどの人々がいます。アジアにはカルデア地域があります。聖書には、アブラハムがカルデアのウルからやってきた、と書かれています。このカルデア地方が、当時存在していました。この地方に昔、巨大な運河が築かれました。その名残りが今日もあります。この工事には、膨大な人々が必要とされました。事実が証明するように、紀元前何千年かに、アフリカとアジアに、膨大な群衆がいたと思い描かねばなりません。

さらに、つぎのように考えねばなりません。ヨーロッパ人がアメリカに行って、定住しました。しかし、当時のアメリカには人間がいなかったのではありません。赤銅色のアメリカ先住民は絶滅しました。アメリカ大陸の遺跡を見ると、ヨーロッパ人が出会わなかった、膨大な数の人々が住んでいたと思うようになります。

昔、地上にいた人間は今日よりずっと少なかった、というのは正しくありません。現在の人口さえ、正確ではありません。一部の地域においてのみ、数字が報告されています。今日の中国の人口がいくらか、一〇〇〇年前の中国の人口がいくらか、ヨーロッパの統計学者は知っているでしょうか。旅行者が語っているのは、ふつう思われているのとは違って、時代を遡っていくと人口は常に減少するのではない、ということです。地上に非常に人口の多い時代があったのです。もちろん、ある地域の人口が少なかった時代はありましたが、それは特別なことではありません。このようにして、「今日の人口は、過去からの輪廻転生を考えると多すぎる」という反論は取り除かれます。

輪廻の期間

別のことも考察されます。今日の人間を観察すると、ある者は死と再誕のあいだに一〇〇〇年を要し、別の人は五〇〇年を要しています。また別の人は、地上に下るまえに、精神界に一五〇〇年間滞在していました。今日生きている人々は、みな同じ時代に生きていたのではなく、さまざまな時代にいたのです。かつては、地上の人口が少なく、天上に多くの心魂が待機していました。

受肉・輪廻について語られることは、事実と一致しているのです。私の講義に対して、何度も「それは算数の例題にすぎない」と反論されました。

紀元八〇〇年に、ある人が、どこかにいたとしましょう。そして、紀元一〇〇〇年に、別の人がいたとしましょう。そして、一九二三年になります。この二人がともに一九二三年に生きているということがありえます。紀元八〇〇年と紀元一〇〇〇年を一つに見なくてはなりません。人口の少なかった時代は、地上に下っている心魂が少なかったのです。

空想的ではなく、正しく考えると、単純に、かつて二人の人がおり、それから四人、六人というふうになるのではありません。昔ほど、地球の人口はリズミカルに増減していました。地上に人間がたくさんいた時代があり、また、地上の人口が少なかった時代がありました。

聖書が言うように、一組の夫婦だけがいたということは、決してありません。そういう意味ではないのです。聖書に書かれているような「一組の夫婦」ということはありません。かつて二人の人間がいたとすると、いつの時代にも二人だけがおり、その中間期にはだれもいない、と言わねばならないでしょう。しかし、そうではありません。空想的な科学が今日信じていることは、本当の科学と矛盾します。

さて、まだ他のことがあります。人間がふたたび地上に現われるまで、一定の時間が流れなくてはならないということを、明らかにしなければなりません。「いつ、地上に戻ってくるのか」と、みなさんは問うことができます。

ものごとを最後まで探究すると、「ある者は、地上で大変熱心に精神世界を研究し、死後、容易に精神世界を前進していける。その人は、よく精神世界を研究したので、死から再誕まで、比較的長時間を要する」ということが分かります。「長時間を要する」と私が言ったので、みなさんは驚いたかもしれません。

地上で精神世界についてたくさん学んだ人は、精神世界に長期間滞在します。地上で精神世界を研究した人は、精神世界でよく発展できます。精神世界に長期間とどまって、地上に戻ってきます。それに対して、物質界だけに関わった人は、比較的早く地上に戻ってきます。

前世

ほかの反論もあります。「人はなぜ前世を覚えていないのか」という反論です。ある人は、「人間は計算できる。そのことは疑えない」と言います。別の人が、「人間は計算でないということを証明しよう」と言います。「どうやって証明するんだい」と言われて、まだ計算のできない幼児を連れてきて、「この子も人間だよ」と言い返します。

前世についても、このように言うことができます。人間はしだいに学んでいきます。地上で進化していくと、前世を思い出すようになっていきます。現代の人間は、前世で体験したことを思い出せるまでにいたっていない、と精神科学は言います。

精神科学が語ることは、事実と一致します。みなさんは、朝から夜まで起きています。そして、周囲で生じることをすべて体験します。みなさんが思い出すのは、起きていて体験したことだけです。人間は特に意味のない夢をいかに早く忘れるか、考えてみてください。人間は、起きているときに地上で体験したものを覚えています。

しかし、いくらか別のものも思い出します。睡眠状態で体験したものです。睡眠状態において私たちは、覚醒状態におけるよりも、ずっと多くのことを体験します。ただ、人間は現在の意識では、睡眠体験をまだ把握できません。把握する能力を獲得すると、眠りのなかで非常に多くのものが体験されることを知るようになります。人間はその能力を、やがて獲得できます。しかし一般には、まだ獲得されていません。

人間が死ぬと、起きているときに体験したものは、死後二～三日で消え去ります。覚醒状態で体験した思考内容すべてが、死後二～四日で消え去ります。そして、人間が睡眠中に体験したことすべてが現われてきます。それは、地上での寿命の三分の一の時間をかけて、現われてきます。人間は自分が内的に体験したことを、地上では知ることがありません。精神科学を深めていくと、自分が内的に体験したことを知るようになっていきます。

現在の地上生活において、前世で生じたことがらを意識できないのを、変だと思う必要はないのです。私がカフスボタンをどこかに無意識に置いたのと、「カフスボタンをここに置いた」とはっきりと覚えているのとでは、どう違うでしょうか。無意識に置いた場合、私は翌朝、探しまわらねばならないでしょう。はっきりと意識して置いた場合は、探しまわる必要がありません。

古代には、人間は繰り返し地上に生まれるということが知られていました。しかし、何千年も、人間は精神的なことを考えないで過ごしてきました。ですから、現在の地上生において、前世のことを覚えていないのです。四歳の子どもにもやがて計算できる時期が来るように、人間が前世を覚えているようになる時代がやってくるでしょう。

直立

別の問いがあります。人間は円を描いて回ることがあります。子どもはまず、立つこと、歩くことを学びます。子どもは直立して、動くことを学びます。さて、ベッドに横たわって眠り、夢を見て起きる、と考えてみてください。夢では、人間は回転するだけでなく、飛ぶこともできます。もちろん心魂的にですが、人間が飛ぶ夢は珍しいものではありません。

人間は起きている状態で、足の裏に地面を感じるか、自分の下に椅子を感じるかに慣れています。何かが自分の下にあって、その上に垂直に座るのに慣れています。起きているときは、何かを自分の下に感じます。寝ているとき、足裏をベッドにつけることは稀です。足裏は、どこにも触れていません。慣れていない姿勢で目覚めるわけです。自分が空気中を飛んでいるように思います。これは人間の思い込みです。

しかし、つぎのようなことを取り上げねばなりません。子どもが生活のなかで、初めて歩行と直立を学ぶとき、立ち上がる能力は生まれつき私たちに備わってはいません。立ち上がることを、私たちは学ぶのです。「立ち上がる力は、どこから来るのか。立って歩くとき、私たちは何をするのか」と、問うことにしましょう。そのとき何をしているのか、一度、よく考えてみなくてはなりません。

地表があります。手に持った石を離すと、地面に落ちます。なぜでしょう。地球が石を引き付けるからだ、と私たちは言います。地球が石を引き付けるというのが、そのとおりかどうか、まず正しく理解しなければなりません。いずれにしろ、石を下に引く力が存在します。そうでなかったら、石は落ちないでしょう。どこにあっても、石は垂直に地上に落ちます。

私たちもその垂直線に沿っています。地上の人間は、垂直線と一致しなければなりません。私たちは、この垂直線に適合します。垂直の姿勢をとれなければ、物質的身体は意味がないでしょう。動物は垂直の姿勢をとることなく、四足で歩きます。動物の足の指は、私たちの指とはまったく異なった作りになっています。私たちの物質的身体に意味があるなら、私たちは垂

直の姿勢をとらねばなりません。それは必要なことです。

円

しかし、物質的身体が必要とするものを、エーテル体も必要とするでしょうか。「私たちは、目で見ることができ、手で触れることのできる物質的身体のみを持っているのではない。私たちは精妙なエーテル体も有している」と、私は言ってきました。エーテル体は、垂直線に適応する必要はありません。エーテル体は別の習慣を保持します。どのような習慣でしょうか。

地球は丸く、昼と夜が交替します。どうして、昼と夜が交替するのでしょうか。太陽があって、日光が地上に注ぐと、その面は昼です。地球が回転しなかったら、いつも昼だったでしょう。しかし、地球は回転するので、夜になり、別の面が昼になります。

地球が回転するので、昼と夜ができるのです。「人間は精妙な身体であるエーテル体を有している。人間は子どものころ、垂直の姿勢に慣れておらず、地球の回転を共にしたいと思っている。エーテル体はいつも地球のまわりを動きたいと思っている。エーテル体はこの動きを、いつも行ないたいのだ」と、考えてみてください。

もしエーテル体がこの動きをしたくなかったなら、みなさんは大地を進もうとするとき、常に回転したく思ったことでしょう。みなさんのなかに、地球の動きを共にするものがないと、すべてがみなさんにとって苦痛になります。

ここから、現代の科学がいかに思慮がないか、分かります。垂直の位置に適応する物質的身体がなす動きだけでなく、地球が回転することを、科学はよく知っています。しかし、その動きを共にするエーテル体のことを知りません。

気絶したとしてみましょう。気を失うと、物質的身体とエーテル体から、個我とアストラル体が出ていきます。つまり、精神と心魂が出ていきます。その際、エーテル体が回転しようとするのを、私たちは感じます。まず、みなさんは心魂的・精神的に、朝夢を見るときのように回転します。朝、夢を見るとき、みなさんは下に地面を感じません。みなさんは気を失うとき、まず精神的に回転します。たとえば、めまいがすると、心魂のみが回転しようとします。

考えなく歩いている、としてみましょう。そうすると、みなさんは機械的に物質的身体を動かしています。自分の歩みを考えていません。特に、森のなかに霧が立ち込めていると、自分の歩行のことを考えられません。どこが出口で、どこが入口か、どちらに向かうべきか、分かりません。物質的身体で歩くと、一定の地点に向かっていきます。しばしば、まったく気づきませんが、道がみなさんを一定の地点に導いていきます。しかし霧が立ち込めていると、何も見えません。そうすると、自分の物質的身体のことがよく分からなくなります。そして、エーテル体の動きが現われてきます。エーテル体は回転運動をしようとします。人間は回転運動に従い、物質的身体はその動きに引かれていきます。

単に夢を見たり、めまいがすると、アストラル体が動きます。歩いているときは、エーテル体が物質的な動きを身体のなかに入れます。エーテル体が地球に結び付いていないことが、ここから分かります。人間のエーテル体は、地上のものを共にしません。

踊りと体操

一度、「人間は生まれてから死ぬまで、地上存在である」ということを、考えてみてください。人間は地上で働かねばなりません。しかし、いつも仕事をしていることはできません。身体が消耗したりします。

人間は身体を動かそうとしますが、地球に適したように物質的身体を動かそうとはしません。人間はエーテル体に従おうとします。エーテル体は円環運動をしようとします。それで、人間は踊ります。踊るのは、人間が物質的身体ではなくエーテル体に従おうとすることなのです。踊りたいと欲望するのは、人間が物質的身体を忘れて、自分は宇宙に属する存在であると感じることができる、ということなのです。

人間は内的な感情に従うと、宇宙に属したいと思い、エーテル体に従うでしょう。人間は本来、地球が欲するように動こうとせず、エーテル体に従おうとします。エーテル体が欲する動き、円を描く動きが大変気に入ります。ですから、人間は地球に属する動きに慣れねばなりません。この通常の動きを、私たちは教育のなかにも受け入れねばなりません。体操です。

　なぜ人間は体操をするのでしょうか。体操は、普通に地球に適応できる以上に、もっと地球に適応するためのものです。人間がエーテル体から離れて、常時エーテル体に従うことがないように、体操をするのです。しかし人間は、宇宙からまったく切り離されないために、地上に結び付かない動きもしなければなりません。

　私たちは唯物論の時代に生きています。唯物論に憧れる人間は、たいてい西洋に生きています。古い文化を有する東洋人・アジア人は、地球に属することに執着しません。東洋人・アジア人は、キリスト教徒よりもずっと、地上を「涙の谷」（注1）と考察します。東洋・アジアに生きる人々は、できるかぎり早く、そっと浮世から去ろうと願います。

　しかし、西洋の人間は地球を、非常に好みます。口には出しませんが、西洋人はいつまでも地上にとどまりたいと思っています。

「エーテル体は、天に合った動きをしようとする。惑星は円を描いて動き、地球は円を描いて動く。エーテル体は円環運動を欲し、物質的身体は円環から抜け出たいと思う」と、言わねばなりません。人間はたくさん仕事があると、この円から抜け出ます。しかし、西洋の上層階級は仕事をする必要がありません。彼らは、どうなるのでしょう。

彼らには、奇妙なことが起こります。エーテル体が絶えず煩わしい思いをさせるので、彼らは居心地悪く感じます。ビーフステーキを食べる人間が世界を歩むと、絶えずエーテル体に悩まされ、苦しめられます。そして、円環運動をしたくなります。ビーフステーキを食べる人間は、エーテル体の円環運動に従おうとします。しかし、何ということでしょう。それは大変不快なのです。

エーテル体は絶えず踊ろうとし、きれいな円環運動をしようとします。ビーフステーキを食べる人は、その動きについていけません。彼は物質的身体を強くして、エーテル体に円環状にひっぱられないように、物質的身体を慣れさせようとします。こうして、彼はスポーツをします。体操ではなく、スポーツです。

スポーツをすると、その結果、人間は完全にエーテル体から抜け出て、物質的な地球の動きにのみ従います。こうして人間は、ますます地上に親しみ、精神界から離れます。

（注1）涙の谷　『旧約聖書』の「詩編」八四・六「その心、シオンの大路にある者は幸いなり。彼らは涙の谷を過ぐれども、そこを多くの泉あるところとなす」

精神世界

人間は精神世界について考えないことによってのみ精神世界から遠ざかる、と思ってはなりません。スポーツをしすぎることによっても、精神世界から遠ざかるのです。つまり、物質的身体をエーテル体からまったく離れさせることによって、人間は精神世界から遠ざかるのです。これは人間にとって恐ろしいことであり、まったく気がかりなことです。

スポーツに打ち込むと、人間は精神的なものを忘れます。そういう人たちは、死ぬと、すぐに精神世界から戻ってきます。西洋文明全体が精神を受け取らないと、精神世界に戻りたくない人間のみが地上に住むようになるでしょう。そうなると、しだいに地球を崩壊させる人間たちのみが、地上に住むようになるでしょう。すでに、そうなりはじめています。人間がもはや、まったくエーテル体へと向かわず、物質的身体のみに向かうと、地上には恐ろしい状態が到来するでしょう。ですから、精神科学によって介入しなければなりません。人間を物質的身体のなかに駆り立てて、まったく地上的にする動きに、別の動きを対峙させることによってのみ、それは達成できます。

いま人間は、最も重要なのは地上的人間になることだ、と考えています。このような状況に、みなさんは心が痛むでしょう。

私は去年の夏、イギリスに行ってきました。イギリスを発つとき、イギリス全体が興奮に満ちており、夕刊に載る重要な出来事を待っていました。みんながかたずを飲んで、いまかいまかと、夕刊を待っていました。何を待っていたのでしょう。サッカーの結果です。

私たちは、ノルウェーから下ってきたところでした。私たちが乗車すると、多くの人々が私たちとともに乗車しました。プラットホームは満員でした。汽車が動き出すと、「万歳、万歳」という声が響き渡りました。つぎの駅でも、「万歳」と、人々が叫びました。もちろん、私たちに向かって歓声が上げられたのではありません。中欧からやってきたサッカー選手たちが、汽車で帰るところだったのです。

今日、人間は何に興味を抱いているのでしょう。何百万という人々の幸福と苦痛に関わる出来事よりも、物質的身体をエーテル体から引き離すもの、つまりスポーツに今日の人間は関心があり、人間は地上動物になっていくでしょう。

オイリュトミーとスポーツ

これが今日、全世界でなされている運動、ますます広まっている運動に、別の運動つまりオイリュトミー(注1)を対置させねばならない理由です。オイリュトミーはエーテル体に則ります。オイリュトミーを鑑賞すると、エーテル体が行なう動きを見ることになります。スポーツを観戦すると、物質的身体が遂行する動きを見ることになります。

スポーツへの憧れが強いので、これは非常に重要なことです。私はスポーツ全般に反対して語るつもりはありません。仕事をする人がスポーツに駆られるのは、よいことです。仕事においては、不自然な動きに慣れねばならないからです。物質的身体に適合した、自然な動きをスポーツのなかに持ち込むと、スポーツはレクリエーションとしてよいものです。しかし、多くの人々が参加する今日のスポーツ活動は、レクリエーションになっていません。

朝急いで教会に行って、「私は天にいます一なる神を信じる」云々と祈るスポーツマンがいます。もちろん、スポーツマン全員がそうなのではありません。しかし、なかには、そのように祈ってから競技場に行くスポーツマンがいます。彼らの行動を言葉にすると、「私は天の一なる神を信じない。神は私にエーテル体を与えた。しかし、私はエーテル体について何も知りたくない。私は肉と骨を信じる。それが、私の唯一の至福なのだ」という意味になります。

これが、今日行なわれているものの、必然的・無意識的な結果なのです。「精神的なものを何も知りたくない」と言う人が唯物論者なのではありません。人間全体が精神的なものから引き離されることによって、人は唯物論者になるのです。

だれかが森のなかを歩いており、霧が深くて道に迷ったら、エーテル体について行く、と私は言いました。そうすると、同じ場所に戻ってきます。回転するのは、そんなに悪いことではありません。あるときはエーテル体に、あるときは物質的身体へと揺れ動きます。人間は物質的身体とエーテル体を育成すべきです。

しかし今日、西洋では一般に、エーテル体から完全に離れて、物質的身体のみを育成する傾向があります。それは恐ろしい唯物論、有害な唯物論を形成します。思考的な唯物論は最悪ではありません。最も有害なのは、人間全体を動物へと突き落とす唯物論です。このことを、よく考えねばなりません。

人々は、「こいつは生半可な知識を振り回す俗物だ。スポーツを罵っている。スポーツは、とても有益なものなんだ」と、言いがちです。

私はスポーツを罵っているのではありません。人間は自由な存在です。しかし、単にスポーツに熱中していると、人間として崩壊するでしょう。

（注1）オイリュトミー　シュタイナーが創始した運動芸術。言語オイリュトミー・音楽オイリュトミーがあり、治療オイリュトミーとして医療にも用いられる。

労働者とスポーツ

この点で、私が『社会問題の核心』(注1)の第一章で述べたことが広く通用する、ということを明らかにしなければなりません。私は『社会問題の核心』を書いたとき、このことを示唆しました。しかし、人々はこじつけの解釈にいそしみました。人々はまったく熟考せず、『社会問題の核心』は全然理解されませんでした。

「私たちは偉大な民主主義的・プロレタリア的運動を有している。しかし、よく眺めてみると、たいていのプロレタリアは、かつてブルジョワが彼らに模範として示したことを模倣している。彼らは科学をすべて模倣し、大学で教えられることを信じている。プロレタリアの党派は、しばしば率先して、法則を是認する。社会主義者が率先して、〝専門家の委員会が必要だ〟と言う」と、私は述べました。

スポーツはブルジョワが発明したものであり、プロレタリアによって模倣されました。もちろん、全面的に従うわけではないでしょう。しかし、プロレタリアの一般的な心的態度としては、ブルジョワの教えを単に模倣し、それを唯一有用なことだと見なしています。プロレタリア運動は、ブルジョワ階級が行なったことを模倣せずに、みずからの衝動を得ると、何らかの成果を上げることができます。ですから、私はこのことを『社会問題の核心』の第一章に書きました。残念ながら、いたるところで、プロレタリア運動が権威信仰の影響下にあるのが見られます。ですから、私は『社会問題の核心』を書き、人々にそのことを熟考してほしいと考えました。

しかし、熟考というのは、スポーツに駆られる人々が好むものではありません。スポーツに駆られると、熟考から離れていくからです。思考は、ただエーテル体でできるものです。物質的身体で考えることはできません。ですから、「よく考えるためには、肉食にすべきか菜食にすべきか」と質問されるなら、「食べ物によって思考を開拓することはできない。エーテル体で思考を開発しなくてはならない。エーテル体に入っていかねばならない」と言えるだけです。

（注1）『社会問題の核心』　社会有機体三分節（自由な精神生活、平等な法律・政治、経済の友愛）を提唱した、一九一九年のシュタイナーの著作。邦訳、イザラ書房、人智学出版社。

遊園地と酔っ払い

エーテル体が存在することは、人間が円環運動をしようとすることによって示されます。踊りへの憧れ、道に迷うと円を描いて歩くことによって示されます。

もし、みなさんがウィーンに住んだことがあれば、「ウィーンの人々は軽薄だ」と分かります。彼らは友好的ですが、軽薄です。ウィーンにはプラーター（注1）があります。大規模な遊園地です。プラーターは本来、日曜日に行くところです。プラーターに毎日行くのは、のらくら者です。プラーターには、ソーセージの屋台や道化小屋など、あらゆるものがあります。

プラーターのなかの道は、独特の方法で作られています。その道の仕組みによって、みなさんはいつも同じ場所に来ます。長い大通りを行き、どこかで森に入っていきます。しばらくすると、さっきいた場所に戻ることになります。そのように道が作られているのです。霧がなくても人々が同じ場所に戻ってくるように、道が設えられています。人間が物質的身体から離れるときにエーテル体が欲する円環状の道を作ったのです。物質的身体から離れるのを感じることができ、いい気持ちになります。方向を決められないと、人は円を描いて進みます。円環状の道を行くと、よい気持ちがします。

プラーターを設計した人々は、同じ場所に繰り返し戻ってくることによって、エーテル体がよい感じがするようにしたのです。非常に洗練された、手の込んだ配置になっています。いまでもありますから、みなさんがプラーターに行けば、道がそうなっているのを、自分で確かめることができます。迷い込むと、道をまわって、戻ってきます。この道が、日曜の午後を過ごす人々をよい気持ちにさせます。

これは、まだ無邪気な、よい気持ちです。夜遅く家に帰って、酔っ払っているかどうか分からず、シルクハットをベッドに置きます。シルクハットが一つに見えれば、酔っ払っていません。二つに見えれば、酔っ払っています。回転しているから、そうなるのです。アストラル体が回転しているのです。ベッドに横になった者が酔っ払っているなら、アストラル体が回転します。より精神的な方法では、円を描く道を歩くことによって、エーテル体が回転します。これはむしろ無邪気な回転です。

酔いはアストラル体に作用し、回転はエーテル体に作用します。酔っ払っている人は、円を描く道を歩く人のようには回転しません。あたかもアストラル体が地球になったかのように、すべてが回転します。地球のように、アストラル体が回転します。

踊ったり、ウィーンのプラーターで回転すると、エーテル体が回転します。エーテル体が物質的身体を伴っていきます。これは無邪気な動きです。「踊る人の場合、エーテル体が回転している。酔っ払っている人の場合、アストラル体が回転している」と、言うことができます。人間の動作を、エーテル体が行なっているのか、アストラル体が行なっているのか、区別できます。

このようなことがらに、今日の科学はまだいたっていません。人間が完全に非人間的になってしまわないために、何を行なわねばならないかを知らないので、今日の科学は文明の大問題に何も答えられません。いまのようなスポーツ熱が続くと、人類はますます動物的になっていきます。

精神的なものが人類のなかに入ってこなければなりません。人々が、一方では労働をとおして地球を知り、他方では精神的なものへの憧れを持つことを、私は確信しています。人々は次第に、精神的なものを育成することが必要だ、と理解していきます。

これが、みなさんに話したかったことです。

（注1）プラーター　ウィーン近郊の遊園地。昔は狩場であったが、ヨーゼフ二世が一七六六年に一般大衆に解放し、その一部が遊園地（ヴルステルプラーター）になった。直径六一メートルの観覧車で有名。

人体の構築と崩壊

古代と現代の医学

尿検査について、つぎのようなことを言わなくてはなりません。尿検査は藪医者が行なうだけでなく、科学的に承認された医学においても大きな役割を果たしています。ただ、今日の医学と、民間療法とのあいだには、ものごとの扱い方に大きな相違があります。それは、つぎのような原因によります。

そもそも尿検査は、あらゆる病気に関して、古代から非常に大きな役割を果たしてきました。ただ、つぎのようなことを考えねばなりません。古代の医学へと遡ると、病気の認識も治療も、いまとはまったく別の原理に基づいていたことが分かります。古代の医学は一八世紀まで続いており、医学は一八世紀にイタリアで唯物論によって改革されました。今日では、古代の医学は科学によって、まったく蔑視されています。

それは、ある程度は正しいことですが、完全に正しいわけではありません。医学が今日、何を意図しているかを理解するために、古代の医学と近代の医学との相違を明らかにしなければなりません。古代の医学は、「人間とは目で見ることのできる物質的身体、手で触れることのできる物質的身体にすぎないのではない」と、正確に知っていました。私たちがいつも強調するように、「人間とは、身体を貫く超感覚的存在でもある」と、正確に知っていました。

人生をはるかに遡っていくと、つまり誕生以前に遡ると、古代の医学と近代の医学の差異が見出されます。誕生以前の霊的な状態のことを言っているのではありません。母胎のなかの胎児のことです。

今日、医学と自然科学は、母胎のなかでの胎児の発生について、どのように卵細胞が構築されていくかを本質的なことと見ています。最初は、受精した卵子のみが問題です。小さな、顕微鏡をとおしてのみ気づける細胞です。

この細胞は繁殖して、杯のような形になります。この杯のような形は、妊娠三週目に一方にいくらか持ち上がります。そして、六週目・七週目に、胎児は小さな魚の形に似ていきます。頭が形成され、神経繊維が形成されます。今日の科学は、このような形態の変化を観察して、人間と動物の発生を理解しようと試みています。

胞衣

しかし、このような方法で存在するもののほかに、母胎のなかの胎児の周囲には濃い液体がありかます。濃い液体があって、そのまわりに子宮があります。いろんな抱合物を含んだ、この濃い液体は出産時に、いわゆる胞衣《えな》として流れ出ます。これを人は廃物、意味のないものと見なします。そもそも生き物が出すものすべてを廃物と見なすのです。

しかし、そうではありません。細胞が繁殖し、物質的な人体が形成されるように、外的な自然の力が働くのです。胞衣として流れ出る、周囲の液体のなかで、精神的・心魂的なものが作用します。この精神的・心魂的なものは、まず胎児の周囲にあります。それはのちに、人体のなかに入り込みます。精神を、のちに流れ出る胞衣のなかに探さねばなりません。これは、もちろん意外なことですが、非常に重要なことです。

今日では、精神的なものの検査は否定されます。私の友人(注1)が、本来物質的である胎児に、いかに胞衣が精神を差し出していくか、調べたことがあります。科学的に検査することはできるでしょうが、実験用の胎児が得られません。母親が死ぬか、手術するかしなければなりませんから、胎児を取り出して検査することはできません。いかにものごとを取り扱うべきか、その方法が今日、本当の学問を破壊しています。胎児の発生の検査において、すでに唯物論化が始まっているのです。

（注1）私の友人　アルフレッド・ギュジ（一八六四―一九五七年）。チューリヒ大学歯科研究所の教授。

分泌物

人間は生きているあいだ、分泌します。分泌されたものは、よい匂いがしないので、外界では好まれません。ほとんどすべての分泌物が、よい匂いがしません。今日では、分泌物には近づかず、洗い流さねばならない、と考えられています。もちろん、それはまったく正当なことです。

人間の分泌物は、尿・汗・便などです。切られた爪も、人間の分泌物です。そのほか、分泌物と認識されない多くのものが、実際は分泌物です。

目がしばしば、人間のなかの最も高貴な器官と見られます。いかに容易に目を取り出すことができるか、考えてみてください。目は眼窩《がんか》のなかで、ほとんど孤立しています。目のなかの液体も分泌物です。耳のさまざまな器官のなかにも、分泌物があります。耳垢も分泌物です。人間はいたるところで分泌物と関わっています。一方で人間は構築され、他方で分解され、分泌します。

それから、どうなるでしょうか。人間は神経・脳全体を、肝臓や脾臓のような器官と見なします。しかし、それは本当ではありません。脳は分泌物なのです。脳全体が分泌物なのです。脳を何かと比較するなら、腸とではなく、腸のなかにあるものと比較しなければなりません。腸には腸壁があり、腸内物があります。腸壁は波形になっています。脳・神経には壁が欠けています。壁はあるのですが、透明なので、見えません。その内容物だけがあります。「脳は何で満たされているか。特別な性質の腸内物で満たされている」と言うのは、まったく正しいのです。

腸内物を糞だと言うなら、脳は糞だと言うことができます。これは科学的に、完全に正しいことです。思考活動は脳によって成り立っているのではありません。思考活動は、思考から脳が分泌・排泄されることで成り立ちます。人体を下部から上部に上るほど、人間は分泌物なのです。

私は感覚的な人間と、超感覚的な人間について語ってきました。肉眼で見ることのできる人間と、存在していながら、目には見えない人間です。目に見える人体部分は、絶えず構築されています。物質的な人体へと形成されるものがあるのです。そこから腕と脚の基部ができます。しかし、超感覚的なもの、アストラル体と個我は、絶えず分泌します。物質的身体とエーテル体のみが構築し、アストラル体と個我は分解します。

家を建てるとき、できるだけ早く建て、できるだけ長く住めるように努力します。しかし、しだいに自然が解体していきます。そうでなかったら、古代インドで建てられた家が、今日でもまだ残っているでしょう。三〇〇年前に建てられた家は、わずかしか残っていません。

人間においては、構築と分解が同時に行なわれます。まず、構築されます。私たちは食べます。食べたものは肝臓に行き、そこで変化します。ついで、分解・排泄が始まります。この構築・解体のなかに、人間存在の活動すべてがあります。

もし、私たちが単に構築されただけなら、私たちは愚鈍になっていたでしょう。まったく呆けた奴になっていたでしょう。私たちが単に構築されたら、呆けた奴どころか、まったく知性なく徘徊する植物のようだったでしょう。

私たちは分泌し、たとえば脳のなかで絶えず排泄し、分泌器官・腺を有していることによって、呆けた奴ではなく、賢明な人間であるのです。もちろん、人によって賢明さは異なります。精神的なものは、構築ではなく、解体に基づきます。そのため、分泌は特別重要なのです。

夢と汗

胞衣が排泄されるときとまったく同じ活動が、どの分解においても行なわれます。人間存在の構築をめぐって、常に破壊がなされるのは、精神の働きによります。精神が人体のなかで活動できると、人間が生まれるとき、もはや胞衣は必要ではありません。胞衣は投げ出されます。

全生涯にわたって、放出はなされます。たとえば固い腸分泌物、柔らかい腸分泌物、尿、汗のなかに放出されます。

汗が分泌物として、どんな意味を持っているか、怖い夢を見ると、観察できます。不安夢を見たとき、一度観察してみてください。だれかがみなさんを殺そうとして、あるいは殴ろうとして追いかけている夢を見たとします。みなさんは逃げようとして走ります。みなさんは夢のなかで走ります。そして目が覚めますが、汗びっしょりです。みなさんを不安にするイメージが生み出され、汗が噴き出ます。汗が噴き出るのが、不安夢の付随現象です。

肺を病んだ人のことを考えてみてください。末期ではありませんが、肺が不調です。肺はよく呼吸できず、圧縮されます。この病人は不安夢に悩まされます。この患者は、眠ると、いつも汗をかきます。このように、汗の分泌と精神活動、つまり夢に現われるイメージとは関連します。不安夢は本来、目覚めの瞬間に現われるので、エーテル体が活動しています。夢がほとんど一晩中続いていた、と人は思っているだけです。夢全体が目覚めの瞬間に生じます。

いかに夢が目覚めの瞬間に生起するか、証明できます。いかに夢の全体が目覚めの瞬間に頭から発生するかが分かる、特徴的な夢があります。長い夢です。

ある学生が教室のドアのところに立っています。ほかの学生がやってきて、彼にわざとぶつかります。わざとぶつかられるのは、大変な侮辱です。決闘するしかありません。ぶつかられると、すぐに、介添え人を探します。もう一人の学生も、介添え人を探さねばなりません。取り決めがなされます。介添え人の交渉は長くかかります。彼らは森に行き、位置につき、距離を決め、どれくらいの距離か歩測します。銃弾が装填されます。一発目が発射されます。

そこで、目が覚めます。夢のなかで動揺していたので、椅子をひっくりかえしたのでした。椅子が倒れたことが、この夢を作り出したのです。椅子がひっくりかえる瞬間に、夢の全体が頭から発生したのです。夢はただ内的に、長く伸びたのです。実際には、目覚めの瞬間にのみ、夢を見ます。

ですから、病人は目覚めるときに、不安夢を見るのです。その病人は眠り、目覚め、そのとき汗を分泌します。そこで活動するのはエーテル体です。私たちが朝目覚めると、夜のあいだ物質的身体から外に出ていた個我とアストラル体が、ふたたび戻ってきます。そうすることによって、汗が吹き出ます。発汗に際して、私たちを精神存在にしているのは、主としてエーテル体です。石や植物は夢を見ないので、精神存在ではありません。

糞尿

人間は尿の分泌を、汗のようには気にしません。汗は出るばかりで、肌を濡らします。皮膚に小さな袋があって、そのなかに汗が分泌され、その上を薄い皮膚が覆っていたら、人は汗に気づかないでしょう。皮膚のなかに小さな袋があってもいいでしょう。そのなかに汗が溜まり、皮膚を押すと汗が滴り出ると、いいでしょう。

汗がエーテル体によって分泌されるように、尿はアストラル体によって分泌されます。しかし、たとえば感情が活発なら、感情が弱いときよりも、尿がたくさん分泌されるということに、人々は気づいていません。尿がすぐには外に出ないからです。外的であれ内的であれ、何かに熱中していると、膀胱がなかったら、人間は熱狂中、絶えず尿を出さなくてはならないでしょう。

それは、たいへん困ったことでしょう。美術館に行って絵を見ると、感激しますから、美術館にはトイレがたくさんなくてはならなかったでしょう。尿は膀胱に集められ、随時、排出されます。尿はアストラル体によって分泌され、人間のなかに満ちます。あらゆるところから、尿は腎臓に集められ、膀胱に行きます。

腸の分泌物は、個我の力の下にあります。動物の場合はアストラル体の力の下にありますが、人間の場合は個我の下にあります。腸だけでなく、人間全体が分泌において活動します。人間全体のなかで、絶えず分泌がなされています。腸は排出器官にすぎません。分泌に関して、「汗の場合はエーテル体、尿の場合はアストラル体、糞便分泌の場合は個我が活動する」と、言うことができます。

健康・病気

このことを考慮すると、分泌物を重要でないものとは見なさなくなるでしょう。尿の状態が正常だとしましょう。そのとき、アストラル体も人間のなかで正常に活動しています。アストラル体がいかに活動するかに、人間の健康・病気はかかっています。健康と病気は、いかにアストラル体が活動しているかによります。

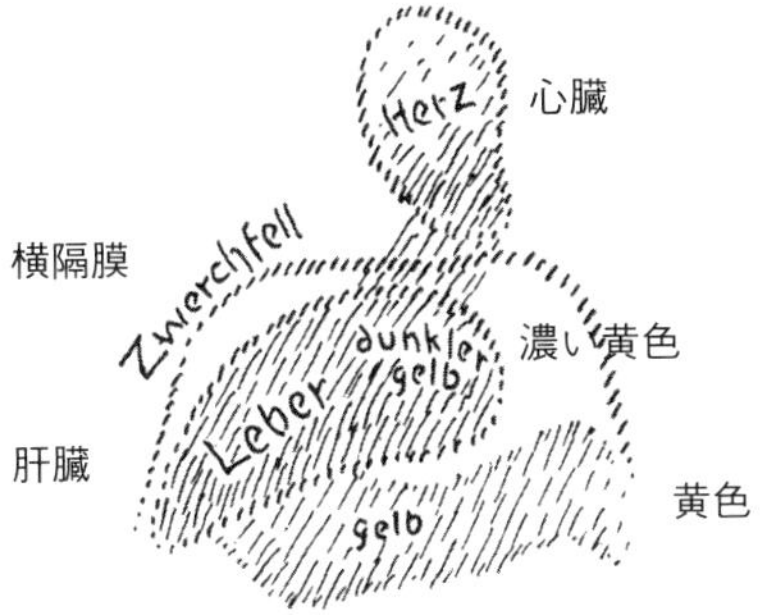

たとえば、私たちは卵を食べ、消化します。まず卵を口に入れ、それから胃に行きます。卵は内臓に行き、そこで完全に破壊されます。蛋白質は破壊されます。破壊された蛋白質は、肝臓に入っていく途上で、ふたたび新たに構築されます。腸から肝臓への途上で、動物性蛋白質・植物性蛋白質から、人間の蛋白質が発生します。そうして、人間の蛋白質は血液のなかに入っていきます。

人体を見ると、横隔膜があり、肝臓があり、心臓がありま す。それらは横隔膜で隔てられています。腸から肝臓にいたって、動物性蛋白質・植物性蛋白質から変化したもの（図の黄色の部分）が、人間の蛋白質（図の濃い黄色の部分）に変化します。それは肝臓で結合され、それから心臓に進みます。

私たちが蛋白質を食べると、動物性蛋白質・植物性蛋白質が正しく人間の蛋白質に変化するために、アストラル体が働かねばなりません。アストラル体が不精だと、正規の働きができず、肝臓で動物性蛋白質が人間の蛋白質に変化しません。動物性蛋白質は直接、腎臓に行き、尿といっしょに排出されます。尿を検査すると、蛋白質が見出されます。

あるいは、ジャガ芋を食べるとしましょう。ジャガ芋は、すでに口のなかで変化します。澱粉はそもそも重要な食糧です。ワイシャツ用の糊にするだけのものではありません。ジャガ芋はもっぱら澱粉からなっています。口から胃・内臓へと進む途上で、ジャガ芋はしだいに糖分へと変化していきます。ジャガ芋の澱粉から、まずデキストリン（糊精）、ついで糖分ができます。ジャガ芋は口のなかではまずいですが、内臓のなかでは非常に甘くなります。糖分に変化するからです。内臓のなかで、ジャガ芋の澱粉が糖分に変化します。肝臓がジャガ芋の糖分、あるいは、その他の糖分を人間の糖分に変化させます。そして、内的に暖まった全身に、この糖分が広がっていきます。

しかし、そうなるためには、アストラル体が正規に活動していなければなりません。正規に働いていないと、人間の糖分へと変化せずに、動物性糖分、特に植物性糖分が直接腎臓に行きます。糖分が分泌され、人間は糖尿病になります。人間が病気だと、尿のなかに糖分が検出されます。

これらすべてを、今日の医学も大変重要なことと見なしています。尿のなかに蛋白と糖が混ざっているか、最初に検査されます。そうして、どんな病気かを知る手掛かりにします。

あるいは、頭を健康にすることは、地上の物質的な人間にとって不要なことではないでしょう。人間は頭が最も重要な器官だと思うので、頭が健康であるように欲します。頭を健康にしようとするなら、絶えず私たちのなかで作られる実質、つまり蓚酸《しゅうさん》を、胸をとおして頭に上らせねばなりません。健康な頭には、一定量の蓚酸がなくてはなりません。私たちは自分のなかで、自分に必要な蓚酸もアルコールも作ります。しかし、蓚酸を作るためには、頭を正しく働かせなければなりません。頭が正しく働かず、蓚酸が下方にとどまると、頭は血が薄くなり、蓚酸は尿のなかに行って、出ていきます。

尿の化学検査によって、さまざまな病状が発見されることがあります。しかし、今日のような化学は、昔はありませんでした。医学はありました。

尿の色

熱があるとしましょう。高熱の場合を取り上げようと思います。熱があるとは、どういうことでしょうか。アストラル体が弱って、だるくなった、物憂いということではありません。アストラル体の活動過多で、アストラル体が個我にまで働きかけている状態です。アストラル体が活動過多だと、個我は鞭打たれるような状態になります。個我は血液循環を引き起こします。活動過多のアストラル体は、器官のいたるところに入り込もうとして、そうできずに、嵐の海のように煮え立ち、熱を作り出します。

アストラル体の鞭打ちによって、熱が出ます。その結果、どうなるでしょうか。血液があまりにも速く身体を疾走します。血液は正常に変化しません。血液は器官を形成する時間がなく、変化せずに心臓から腎臓に行き、尿のなかに行きます。こうして、尿の色が濃くなります。尿の色をそのように判断できる人は、尿の色が濃いときには人体に熱があふれている、ということを知っています。

アストラル体がまったく物憂く、もはや正規に活動しないとしましょう。そうすると、血液は非常にゆっくりと循環し、ほとんど脈が感じられません。いかに血液がゆっくりと循環しているか、脈を測れば分かります。身体のなかに、すべてが詰め込まれます。身体のいたるところが痛みます。尿は淡黄色、もしくは白になります。濃い色の尿と白い尿のあいだに、さまざまな色のニュアンスがあります。これらの色のニュアンスを習得した人が、尿を採って、光をとおして見ると、その尿の色からいろんなことが読み取れます。

血液は、器官から排出されるものを、絶えず補充しようとします。そのために、血液は絶えず固くなる傾向を持ちます。血液があまりに速く器官を流れると、器官に何も提供することができません。血液は固くなろうとします。それが尿として腎臓から出ると、そのような血液によって尿は薄片状になります。透かして見ると、薄片状の尿です。アストラル体が物憂く、脈が弱いと、薄片状の尿にならず、ほとんど水のような尿になります。

色だけでなく、尿の濁りぐあい、澄みぐあいから、多くのことが推測できます。夏の雷雨の日に、黒い雲が湧き上がるように、尿を透かして見ると、いろんなものが見えます。つまり、尿が夏の嵐の日のようだったら、人間は高熱を発します。尿の状態から、病気を推測できます。太陽が明るく照る夏の日のように、尿が素晴らしく澄んでいる場合は別の病気であり、器官がさまざまに崩壊していく、と推測できます。ある器官が不活発になり、ついで別の器官が不活発になる、という具合です。

昔と今

尿のなかに分泌されるものについて熟練した人は、尿の状態から多くを語ることができます。今日の医学と古代の医学には、違いがあります。古代の医学では尿を見て、晴れた夏の日、嵐の夏の日のように、おおまかに判断しました。熟練した人が、現状から判断しました。今日の唯物論的医学は、尿を化学的に検査し、蛋白・蓚酸・糖などが中に含まれているのを見出します。古代の医者は直観的に観照し、今日の医者は化学に従っています。

このような観照がまだ顧慮されていた昔には、このようなことが正規に学ばれました。尿検査をするのは、山師ではありませんでした。今日では、このようなことを行なうのは、たいてい山師です。みんなペテン師だ、と言いたいのではありません。非常によく熟達して、実際に、さまざまな病気を読み取ることができます。個人の修練しだいです。経験をたくさん積む必要があります。

人々は今日、精神を高く評価していません。精神はほとんど廃棄されています。だれもが化学を学びます。大学で、物質を化学的に検査することを学びます。物質の化学的な検査は、低能頭の学生でもできます。人間は化学実験に向かい、精神は廃棄されています。昔は、そうではありませんでした。昔は、精神が非常に尊重されていました。尿を見るためには、人間に精神がなくてはなりません。

昔は教育をとおして、人間を精神的にしました。今日では、人間は手伝いをさせられています。人間は働こうとするなら、手を必要とします。手は精神によって動かされます。今日では、手仕事と頭脳労働について、多く語られます。手仕事を行なう人は、精神的に養成される機会を得て、いわゆる頭脳労働者と同じく精神に接近するべきです。肉体労働と頭脳労働の区別は、本当の精神労働がふたたび評価されることによってのみ可能です。しかし今日、人々は精神を廃棄しようとしています。

糞薬局

古代の医学は、事物を直接観照することを高く評価しました。しかし、それは別の結果をもたらしました。今日のいわゆる科学的な医学は、かなり鼻が高いことをご存じでしょうか。今日の医者ほど鼻の高いものはありません。今日の医者は高慢に、「糞薬局」を見下しています。以前は、いろんな分泌物を薬にしました。「人間は分泌する。それを正しい方法で身体に戻せば、それはすぐに出ようとする」と、思ったのです。そうすることによって、物憂いアストラル体が規則正しい活動にもたらされたり、物憂いエーテル体が規則正しい活動にもたらされたりします。

「アストラル体が不活発になった人に、汗を薬として与える」と、言うことができます。みなさんは、「それは昔の糞薬局と同じようなものだ」と、おっしゃるかもしれません。

たしかに、大きな違いはありません。今日製造されている薬を調べてみると、汗のなかにあるものと同じ成分が見出されるでしょう。ただ、その成分は外から、鉱物から合成されています。昔の人は、じかに汗を使用しました。その汗は、人間が合成したものよりも、多くの点で効力がありました。自然は人間よりもずっと賢いからです。自然が合成するものを、人間は人工的に合成して薬にしているのです。それは古代人にとっては、非常に奇妙でしょう。

古代人は、今日ではもはやまったく評価されていないものを、評価していました。古代人は、「人間は正しく汗をかくと、体が汗で覆われる」と、言いました。人間は皮膚のいたるところで、汗を分泌します。人間が分泌した汗をとどめて、人間を取り去ることができると、どうでしょう。だれかが恐ろしく汗をかき、全身の表面が汗で覆われている、と考えてみてください。そして、その人を取り出して、汗を残すことができた、と考えてみてください。そうすると、人間の複写物ができます。汗のなかに、人間全体が存在するでしょう。大変興味深いことではないでしょうか。汗には、人間の姿をとるという意図があります。

亡霊

古代人は、もっと別のことも行ないました。彼らは、汗だけをこのように見たのではありません。尿もこのように見たのです。グラスに入れた尿があるとします。

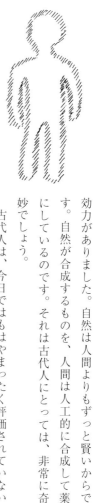

古代人は、精神的な観照がよくできました。尿から、人間の亡霊のようなものが出てきました。汗が皮膚の表面にとどまると形成される姿が、尿から現われ出るのです。事実、古代には、ビンに尿が入っていると、その亡霊が見えました。女神ヴィーナスは海の泡から出現したという伝説をご存じでしょうか。そのように、アストラル的亡霊が、尿から上昇してきます。ある病気への傾向がある人、たとえば肺病への傾向がある人の場合、このアストラル亡霊は薄く、貧弱です。病的に太る傾向のある人においては、この亡霊はあらゆる側に膨らんでいます。それは妄想だ、と言われます。

昔は、尿だけでなく、糞便も検査しました。それは古代には、病気を確定するために特別重要でした。腸の分泌物のなかに、硫黄が多すぎたり、鉄が多すぎたりします。そうすると、硫黄臭い腸の内容物になります。たとえば、犬の腸の内容物のなかに多くの硫黄が含まれており、

それが外に出ます。硫黄が多いと、腸の内容物は白く、固くなります。炭素が多いと、腸の内容物は柔らかく、黒くなります。猫はそうです。外に出た腸の内容物、糞便によって、尿よりもずっとよく病気を推測できます。

腸の内容物に関しても、古代人はヴィジョンを見ました。大変奇妙なヴィジョンです。汗の場合は、「汗を分泌

すると、自分自身の亡霊に自分が包まれる」と、言えます。尿を分泌すると、そのなかに存在する亡霊が上昇してきます。腸の内容物においては、その亡霊はくっきりとした輪郭を有し、一定の色を持っています。この夢・ヴィジョンにしたがって、古代には多くの病気が分かりました。

今日ではほとんど理解できない古い本を読んで、それを不確かな、しばしばまったく愚かしい方法で真似る人々がいます。糞便から病気を判断する人もいますが、たいてい、結果はぱっとしません。しかし、大いに経験を積むと、何かが明らかになってきます。ただ今日の科学は、そのようなことをまったく評価しません。すべてを化学的に検査したいからです。しかし、今日の医学において尿検査は、古代の名残りである非科学的な医学においてと同様、重要なものです。

ミイラ

古い医学の本を拾い読みすると、通常では理解できない表現にぶつかります。あらゆる神秘家や、すべての叡智を有していると言う人々が、古い本で読んだことを人に語って、信じ込ませようとします。彼らは古い本を理解していないので、彼らの語ることには大きな価値がありません。しかし、古い本を読むと、ある表現にぶつかります。繰り返し、ミイラという表現が出てきます。

「ミイラが明るいと、人間はいろんな病気に罹《かか》り、肺病などになる。ミイラが黒いと、人間は高熱を発する病気に罹る」と語られています。いたるところで、ミイラがどんな状態かが語られ、それによって病気が判断されています。

ミイラとは何でしょうか。今日の人間が読むと、エジプトのミイラだと思うでしょう。ミイラが明るいとか暗いとか書いてあるのは、どういうことなのでしょう。何のことを言っているのか、さっぱり分からないでしょう。医学書を書いた古代人は、汗のなかの形姿、尿の入ったグラスと糞便から現われる形姿を、ミイラと呼んだのです。ミイラとは霊的人間のことなのです。分泌物から、霊的人間が見えます。古代人は、「子どもが生まれると、胞衣が出て、霊的人間の最後の残りが去るのだ」と、言いました。

もし人間が今日、それを調べることができたら、「子どもが生まれると、胞衣・超感覚的なものに付いていくものが、少ないこともあるし、たくさん去っていくこともある」ということが分かります。たくさん去っていく人々は、すでに誕生時に精神が去るので、唯物論者になります。

人間における精神的活動、アストラル体と個我の活動は、分泌に非常に多く関わります。昔の糞薬局について語られるとき、かつて評価されたものが今日では評価されません。排泄物が、今日ではもはや評価されません。排泄物を過大評価しないことは、多くの点で、よいことです。私が知っている人は、分泌物のなかに霊が生きていると聞いてから、洗濯をやめようとしました。不潔であっても、分泌物を保存しなければならない、というのです。その結果、その人は不潔さを大変高く評価するようになりました。こんなふうに、しばしば愚かなことになってしまうものです。

しかし、いつも愚かなのではありません。たとえば、馬を取り上げましょう。蹄から足の爪のところに汚物が集められます。その汚物を常に掻き取っていると、馬は病気になります。その汚物をどれくらい長く放置しておくか、みなさんは本能的に判断しなければなりません。いかに汚物・分泌物に意味があるか、馬の例でよく分かると思います。

分泌物は、人間のなかの精神的なものにとって重要です。健康と病気にとって重要です。分泌物から、健康と病気が分かります。古代人は、分泌物のなかの霊的なものを、ミイラと呼びました。昔の本にミイラという言葉が出てきたら、それがどういう意味か、みなさんは分かるようになりました。ミイラは分泌物から発生します。

馬糞と牛糞

尿検査・飲尿療法は、霊的なものを考慮に入れるときにのみ、意味があります。そうでないと、分泌されたものは、単に分泌物です。しかし、人間は分泌物のなかに、自分の精神がどのようであるかを示します。

馬の糞と牛の糞を比べてみましょう。牛の糞は大きく、広がります。馬の糞は、ほとんど小さな頭ほどで、丸いものです。牛の糞を見ると、「牛全体だ」としか言えません。その広がりが、牛の面倒そうな様子、横になりたい傾向を写し取っています。それらがすべて、糞のなかに表現されています。馬はいつも大地から離れて、世界を跳ねまわり、飛びまわろうとします。馬糞は、馬全体を示しています。

あらゆる動物の糞がそうです。糞のなかに動物全体を認識できます。ここから、古代人がミイラという言葉で理解していたもの、アストラル的なものを洞察できます。超感覚的動物・超感覚的人間が分泌物のなかに生きているのです。

精神科学によって、これらのことを洞察できます。「精神科学は汗や尿などに関わっている。糞科学だ」と、敵対者は言うでしょう。敵対者は、そのように言うのが好きなのです。

私たちは汚いものを取り扱っているのではなく、精神を問題にしているのです。構築が強すぎると、人間は無気力になります。構築ばかりだと、腫れものができます。適度に解体しなければなりません。脳に腫れ物ができると、もっぱら構築されるので、人間はいつも無気力になり、放心状態になります。脳のなかで正常に解体が行なわれないと、腫れものができます。脳神経は、分泌物・霊的分泌物として発生します。これが強すぎると、血液が強く入りすぎて、炎症が発生します。腫れものと炎症は、このように違います。

尿の色が濃いと、身体中に炎症の傾向があります。尿の色が薄いと、腫瘍の傾向があります。これは一例です。尿を正しく検査すると、あらゆる病気を推測できます。

墓地の話

構築と解体

私は八歳から一八歳まで、墓地の近くに住んでいました。そのころの私は、きっと青白かったでしょう。

その墓地は、小さな町(注1)の墓地でした。人口六〇〇人ほどの町でした。ほどほどの大きさの墓地でした。私たち家族が住んでいた家と駅の真ん中に、その墓地はありました。そのような町ではよくあるように、人々は墓地のまわり近くに住んでいました。中心に教会があって、そのまわりに墓地があり、その周囲に家並みがありました。墓地のまわりに住んでいる人々の健康状態がどんな具合か、私はいつも見ることができました。

さて、墓地のまわりの家に住んでいる人々と、墓地の近くに住んでいる牧師には、相当の違いがありました。牧師は青白くなく、痩せておらず、かなりの肥満体で、健康そのものに見えました。そのように、私は当時、見ていました。

しかし、顔色以外は健康なら、墓地には大きな害があるとは認められない、という見解を人は持ちます。その土地には、いたるところに胡桃《くるみ》の木がありました。胡桃の木の香りは、非常に強く健康に作用します。

人々は健全な本能を持っており、胡桃の木を植えるのが一般的な風習になっていました。墓地の周囲に人が住んでいると、カスターニエ（注2）か胡桃の木、特に洋種菩提樹を近くに植えるのです。洋種菩提樹と胡桃の木は、墓地の有害な作用を調整する働きをします。

人間のなかで、本来、物質的身体とエーテル体のみが活気づける働きをします。アストラル体と個我は、活気づけるのではなく、萎えさせる働きをします。アストラル体と個我は、心魂と精神として働きます。物質的身体とエーテル体は植物のようであることが分かると思います。物質的身体とエーテル体は成長し、器官が形成されます。

私たちが物質的身体とエーテル体しか有していなかったら、私たちは絶えず気絶していたでしょう。私たちのなかで絶えず崩壊がなされていないと、私たちは植物のような眠りの生活に陥っていたでしょう。私たちの内で絶えず解体が行なわれているので、私たちは植物のような眠りの状態に陥らないのです。

アストラル体と個我が、解体・粉砕を行ないます。人間のなかで、常に構築と解体が行なわれているのです。アストラル体が本来、人間存在のなかで最も強力に解体するものです。投げ捨てられたものは、アストラル体と個我によって解体されていきます。エーテル体は、わずかしか力を貸しません。

（注1）小さな町　ノイデルフル（一一〇頁の注参照）。

（注2）カスターニエ　栗もしくは栃（マロニエ）。

墓地の雰囲気

墓地の雰囲気は、人間のアストラル体のなかにある、解体する力と類縁であるのが分かります。墓地の雰囲気は解体を促進します。墓地の近くに住んでいると、遠くの森に住んでいるよりも、解体の作用を多く受けます。遠くの森に住んでいると、構築する力が強く働きます。墓地の近くに住んでいると、解体する力、破壊する力が強く働きます。しかし、私たちが破壊する力を有していなかったら、私たちは生涯、愚かなままでしょう。私たちは、破壊する力を必要とするのです。私は自分で体験したものについて、語ることができます。いま話しているのは、私が若いころに体験したことです。

私はいつも、正確に考える癖がありました。正確に考える癖は、私が墓地の近くで育ったことによる、と私は確信しています。これはよいことです。これも注目しなければなりません。

墓地で有害なのは、そのなかの遺体です。遺体は解体だけを継続します。私たちが死ぬと、構築と解体の繰り返しはなくなります。構築がなくなるのです。そして、アストラル体は墓地の近くで、よく考えることを要求されます。

私が育った今日のブルゲンラント（注1）では、墓地が真ん中にある村が、いたるところにありました。ブルゲンラントは、多くの戦いがあった所です。アイゼンシュタット（注2）など、大きな町々がありましたが、たがいに離れていました。いたるところに村があり、真ん中に墓地がありました。そこの人々は、抜け目がありませんでした。この抜け目なさが墓地の雰囲気の影響下に育成されたことは否定できません。彼らは有害なものを、胡桃の木や洋種菩提樹によって防ぎました。

その地方は葡萄の産地でした。葡萄の発する雰囲気も、均衡を取る働きをします。洋種菩提樹の花の香りは大変強いものです。胡桃の木も強い香りを発します。それはアストラル体を活気づけます。葡萄の雰囲気は、むしろ個我を活気づける働きをします。人間の高次の構成要素に、非常に強い作用をおよぼすのです。

文化の発展とともに、ものごとが変化するということを、否定はできません。その村落が大きくなって、家がたくさん周囲に建つと、木の作用は損なわれ、墓地は有害な作用を発しはじめます。墓地のまわりの人々は、顔色が青白くなります。もはや、均衡を取ることができません。その結果、人々は墓地の雰囲気に苦しむことになります。村が町になると、ふたたび自然な本能が働いて、墓地は町の外に作られます。

（注1）ブルゲンラント　オーストリア東端の州。ヴィーゼルブルク、エーデンブルク、アイゼンブルクの三県を含む。

（注2）アイゼンシュタット　ブルゲンラント州の首都。ワインで有名。ハイドンが暮らした町としても知られる。

水について

作用が進んで、エーテル体にいたる場合があります。大気のなかを上昇する精妙な靄《もや》は、アストラル体と個我に作用します。常に墓地の周囲に漂う遺体の匂いは、胡桃の木の香りや洋種菩提樹の香りやカスターニエの木の香りのように、高次の構成要素を特別に活気づける作用をします。エーテル体には、そんなに強く作用しません。

エーテル体には、その地域の水が特に強く作用します。水が特に強く作用するのです。墓地の周囲では、遺体から発するものが、容易に水に染み込みます。人々はその水を飲み、その水で料理します。墓地が家々の近くにある村では、水が害されます。木は助けになりません。自然は助けになりません。その結果、人々は肺病になりやすく、大変苦しみます。

このことも、私はよく確認できました。私が住んでいたところから何時間もかかる小さな場所では、ほとんどすべての人が墓地のまわりに住んでいました。人々は生まれつき、不活発でした。とにかく物憂いのです。筋肉はしまりなく、神経はだらけており、すべてがたるんでいました。顔色は青白く、「どうして、こうなんだろう」と私は思いました。

非常に興味深いことに、私が暮らしていたノイデルフル(注1)では、墓地のまわりに住んでいる人々は比較的健康だったのです。土地と人間を考察する者には、これは大きな問いでした。ある村では、人々が墓地のまわりに住んでいます。そこでは、人々は胡桃の木を植えただけです。健康な本能によって、胡桃の木を植えたのです。

村の人々は小川から、料理に使う水を頻繁に汲んでいました。家並みがあり、そのあいだに村の小川が流れていました。教会があり、墓地がありました。そのまわりに私たちが住み、牧師が住んでいました。学校がありました。家並みがあり、そのあいだを小川が流れ、いたるところに胡桃の木がありました。

人々は、小川から水を汲みました。小川には残飯と、墓地から染み出たバクテリア・黴菌《ばいきん》が混ざっています。いたるところ、そうでした。そこに住んでいた人々は、とても清潔な暮らしをしていたわけではありません。藁葺きの家々があり、入り口に堆肥が積んであり、豚小屋が近くにありました。すべてが村の小川に混ざっていきます。とても衛生的ではありませんでした。それでも、人々は健康だったのです。

人々が健康なら、遺体の作用は、汚染された土地にいるよりも悪いものではありません。しかし、「なぜ、これらの人々は健康で、ほかの人々は病気だったり、不活発だったり、無気力なのか」という問いは重要なものでした。

その理由は、こうです。その村の近くには、小さな湯治場があったのです。炭酸泉・炭酸水がありました。村の人々はみんな、そこから飲み水を汲んできました。この村の人々が飲んでいた炭酸水が、墓地の病原菌で汚染された水の均衡を取る作用をしていたのです。炭酸泉から遠いところに住んでいる人々は、そのようにはできません。炭酸水は特別強力に、個我と思考に作用します。個我とエーテル体に作用を及ぼします。そして、墓地から村の小川に染み込んだものの均衡を取ります。

もしも町のなかに墓地があるなら、水源が遠くにないかぎり、墓地の雰囲気を変えても、ほとんど効果はありません。町の真ん中に墓地があり、水を井戸から汲んでいるなら、それは健康には最悪の条件です。エーテル体が衰弱するからです。エーテル体は、アストラル体と個我によって制御できないものです。

この観点から見ると、衛生状態は非常に興味深いものです。墓地のまわりに住んでいる人々は、信心深い人なら、頻繁に葬儀を見て、繰り返し感動します。そのことによっても、均衡が取られます。それは個我に作用し、個我を強める働きをします。これを健康の観点から考察できるにちがいありません。それが、均衡を取る作用をするのです。

（注1）ノイデルフル　ヴィーナー・ノイシュタット（オーストリア東部、ウィーンの南方）近郊にある村。当時はハンガリーに属していた。

髪の毛の話

髪を長く伸ばすか、短く切るかは、人体全体に大きな関係はありません。知覚できるほどの、大きな害はありません。しかし、男と女で違いがあります。いまはそうではありませんが、昔は、アントロポゾフィー（人智学）協会の男性は髪を長く伸ばしており、女性は短く切っていました。世間では、「アントロポゾフィーの人々の世界は逆転している。アントロポゾフィーの人々は、女が髪を短く切り、男は長く伸ばしている」と、言われていました。

いまは、もう、そうではありません。少なくとも、人目につくほどではありません。しかし、髪を切ることが性別とどう関係しているかを問うことができます。

一般的に、男性において髪がふさふさしているのは、余計なものです。女性の場合は、ふさふさしていることが必要です。髪には、硫黄・鉄・珪酸その他が含まれています。これらの素材は人体にも必要です。

男性は、非常に珪酸を必要とします。男性は母胎のなかで、みずから珪酸を作り出す能力を失うからです。髪を切ると、男性は空気中から珪酸を吸収できます。髪の断面から、空気中の珪酸を吸収するのです。ですから、髪を切るのは悪くありません。髪が抜けると、珪酸を吸収できないので、困ったことになります。ですから、若禿げはいくらか生活習慣と関連します。よいことではありません。

女性が髪を切るのは、とてもよいことではありません。女性は珪酸を、自分の体内で作り出す能力があるからです。しばしば髪をショートカットにするべきではありません。女性がすでに自分のうちに有している珪酸を、髪が空気中からさらに吸収し、それを身体に押し込むからです。そうすると、女性は内的に毛深くなります。「歯に毛が生えている」(頑固に自説を曲げない)人になります。

目立つほどではありません。これに気づくには、いくらか敏感でなくてはなりません。しかし、このようなことは存在します。内的に毛深くなると、その人の流儀全体が辛辣なものになります。特に若いときに髪を切ると、このような影響を受けます。

水の流れと宇宙

水と血液

地球という球体が、宇宙とどのように関連しているかを話そうと思います。きょうは、川と海を考察してみましょう。

地表は一部が陸地で、大部分は水球です。水球・海が宇宙を運行しています。河川は、地上のどこかに源泉があり、そこから湧き出て、海へと流れていきます。

たとえば、ドナウ川を取り上げましょう。ドナウ川はシュヴァルツヴァルトに発します。あるいは、ライン川を取り上げましょう。ライン川はアルプス南方に発します。ドナウ川はさまざまな峡谷を通って、黒海に流れていきます。ライン川はさまざまな谷を通って、北海に流れていきます。

通常は、川と海を考察するとき、この流れと河口だけを考察します。人々は川を見て、喜びます。その際、川と海が地球の生命全体にとっていかに大きな意味を持つか、考えません。

人間の場合、体内の液体について、多くを語ることができます。人体は大部分、液体です。そして、血液が血管のなかを流れています。血液が流れるという事実が、生命にとって最大の意味を持つことを、私たちは知っています。血液が生命を形成し、生命を保ちます。一定の道をたどって、血液が身体を流れます。その道をはずれると、私たちは生きていけません。

同様に、川や海の水は、地球にとって大きな意味があります。それを、人間は通常、注意しません。水が地球にとって血液循環の働きをしていることを、人は通常、注意しません。なぜ、注意しないのでしょう。

血液は目立ちます。血液は赤く、さまざまな素材を含んでいます。ですから、「血は特別のものだ」と、人は思います。水については、「これは水だ」と思うだけです。水のなかに含まれる水素と酸素以外の物質は、たとえば血液中における鉄分のように大量ではありません。ですから、注意されないのです。

しかし、水の循環は地球の生命全体にとって、非常に大きな意味を持ちます。血液が循環していないと、人間は生きていけません。同様に、水が循環しないと、地球は生きることができません。

水は出発点と、海に注ぎ込むときとでは、まったく異なっています。川の流れを追っていくと、「この流れは塩辛くない。この水は甘い」ということが分かります。河川の水は甘いのです。海の水は塩辛いです。海がもたらすものは、すべて海水の塩辛さに基づいています。「水は地上では甘く、塩分なしに循環しはじめる。海にいたると、塩を含んだ状態になる」というのは、非常に重要なことです。

川の流れと塩の流れ

通常、「ライン川はどこかに発し、流れていき、海に注ぐ」と、思われています。

これは外的に見たものです。ライン川は、外的にはこのように流れます。しかし、南アルプスから黒海まで、水がこのように流れるあいだに、地下では、ある力の流れが河口から水源に向かって進んでいます。川の水とは逆に進んでいるのです。地上では、川の水は甘く、塩を含んでいません。川に沿って、地下で逆流しているものは、地中に塩をもたらします。このように、地球は海から来る塩を受け取ります。地下に、河口から水源にいたる、塩の流れがあるのです。

もしも、河口から水源まで、地下を戻る塩の流れがなかったら、地球には塩がなかったでしょう。ですから、地中を研究する地学は、河床では塩の堆積がいくらか深いことに注意しなければなりません。

地中に塩が堆積していないと、地中で植物の根は生長できないでしょう。植物の根は地中で、地中の塩を栄養として得ることによってのみ生長するからです。植物の根は最も塩分を含んでおり、上に行くにしたがって、塩分が少なくなります。花には、わずかしか塩分がありません。

「大地は、どのようにして植物を芽生えさせることができるのか」と、問うことができます。

人間の場合、心臓から血液が血管を通っていき、静脈を通って青い血が心臓に帰ってきます。それと同様に、大地に水の循環があることによって、地上で水が流れ、地下では塩が戻っていきます。正しい循環が行なわれているのです。

なぜ、地球は一方では海水からなり、他方では固い陸地からなっているのでしょう。陸地を流れる川の淡水が、絶えず海に注ぎ込みます。

塩水、塩をたくさん含んだ海水を調べると、塩の多い海水は宇宙とあまり関係しないことが分かります。人間の胃は、外界とあまり関係せず、食物をとおしてのみ外界と関係しています。それと同じく、海の内部は天空とわずかしか関係しません。それに対して、川が流れる地球の陸地は、天空と深い関係を持っています。陸地には川が流れ、塩の堆積によって植物が生長します。

山中の水源に行ってみましょう。泉から水がさらさらと流れ、美しく流れ、すばらしく純粋な水があるのを、私たちは喜びます。しかし、それだけではありません。泉は地球の目なのです。

地球は海をとおして宇宙を見るのではありません。海は塩を含んでいるからです。人間の胃と同じく、海は内的なものです。甘い水の湧き出る泉は、宇宙に開かれています。泉は、外に開かれた私たちの目のようなものです。

泉のある陸地で、地球は宇宙を見上げます。そこが地球の感覚器官です。それに対して、地球の身体、地球の内臓は、塩を含んだ海にあります。もちろん、人間の身体とは違います。はっきりとスケッチできるような、完結した器官ではありません。地球の内臓は海のなかにあり、感覚器官は陸地にあります。地球を宇宙と結び付けるものすべてが、淡水から到来します。地球の内臓は、塩辛い水から発します。

脾臓の実験

その証拠を一つ挙げようと思います。人間と動物の生殖は、天空と結び付いています。母胎のなかの卵子はただ母親の体内で作られるのではなく、そこには全宇宙の力が作用します。宇宙の力が働きかけることによって、卵子は丸くなります。宇宙の動きは円環状ですから、卵子は宇宙の模像です。力があらゆる側から働くので、丸くなるのです。生殖が行なわれるときには、天が地に作用しているのです。

目も球です。目も宇宙から形成されたものです。脾臓を見ると、球ではありません。脾臓は地球・地上の力、地球の内臓の力によって形成されています。

注意深ければ、このようなことから証明が得られます。海と陸について証明する、と私は言いました。

私たちはしばらくまえ、生物学実験所で脾臓の実験をしました。私たちが規則的に食べられないとき、脾臓はすべてを調整します。私たちは多かれ少なかれ、不規則に食べています。脾臓は調整器なのです。このことを、私たちは生物学実験室で証明しました。コリスコ夫人(注1)の冊子に、その記録が載っています。この実験によって証明する必要が、私たちにはありました。科学が超感覚的な証明を信用するなら、そのような実験は必要でなくなるでしょうが、今日ではまだ必要です。

ウサギを実験に用いました。ウサギを痛い目に会わせることはよくありませんが、慎重に脾臓を摘出して、生きつづけさせました。実験は大変うまくいきました。ウサギは脾臓の手術では死なず、のちに不手際で風邪を引き、それで死にました。私たちはウサギを解剖し、脾臓を摘出しました。どうなっているか、大変緊張しました。

精神科学から、何を言うことができるでしょうか。物質的な脾臓を取り去ると、何が残るでしょうか。脾臓を切り取ると、その場所に脾臓のエーテル体とアストラル体が残ります。脾臓は地球によって作られており、そのために地球的な形態を有しています。ウサギで実験したように、物質的な脾臓を摘出し、エーテル的な脾臓だけが残ると、何が起こるでしょうか。

摘出した脾臓（左）と、そのあとにできた白い球状の組織（右）。

物質的な脾臓が地球に依存しているのに対して、自由になったエーテル脾臓は、物質的な脾臓の負担なしに、ふたたび天空の影響を受けます。そこに天空の模像が発生します。ウサギを解剖すると、白い組織の小さな球体が、作られていたのです。

精神科学の仮定にしたがって生じるはずのことが生じていたのです。比較的短期間に、小さな木の実ほどの大きさの組織体が発生したのです。ものごとに正しく接近すると、精神科学が述べていることを、いたるところで証明できます。精神的に探知できるものが、物質のなかに入り込んでいるのが分かります。ものごとを正しく追究すると、このようなことが探り出せます。

周囲からの影響で白い組織体が形成されたように、人間と動物の卵子のなかに、天空の影響によって、球体の原基が形成されます。

（注1）コリスコ夫人　Lili（Lilly）Kolisko 一八八九年オーストリアで出生、一九七六年イギリスで没。シュトゥットガルト（ドイツ）の生物学実験所でシュタイナーと共同研究を行なった。ここで言及されているのは『脾臓の機能と薄膜問題』（一九二一年）のこと。

鮭

魚は本来、陸地に上がらないので、特別の状態にある、と言わねばなりません。しばらくなら陸地にいることができますが、陸で生きていくことはできません。魚は海で生きねばなりません。そのために、魚は特別の組成になっています。

魚は、地球がみずからを宇宙に開いているところには来ません。そのために、魚は感覚を形成することが困難であり、特に生殖器官を形成するのが困難です。それらを形成するのは、宇宙空間の力だからです。ですから魚は、宇宙から海に入ってくるわずかな光と熱を丹念に使って生殖し、感覚器官を形成しなければなりません。

自然は多くのものを育成します。金魚を見てみましょう。金魚は皮膚全体を用いて、光の影響を受けます。そのために金色になるのです。宇宙から水のなかに入ってくるものを取り込むために、金魚はあらゆる機会を用います。金魚は卵を、光の射す、あらゆるところに生み付けねばなりません。そうして、外からの作用によって、卵が孵《かえ》ります。

つまり、魚は水のなかで生きるように組織されているのです。魚は水から出てきません。しかし、いま私が述べたことは、淡水魚にはあまり関係せず、海水魚にあてはまります。淡水、甘い水は宇宙に通じます。海水魚は生殖するために、宇宙から海水のなかにやってくるものを、すべて利用するように組織されています。

注目すべき例外は鮭です。鮭は奇妙な体を持っています。鮭は筋肉を得るためには、海に生きねばなりません。筋肉を付けるためには、鮭は地球の力を必要とします。その力とは、おもに海の塩です。強い筋肉を得るために、海の塩のなかに生きねばなりません。

しかし鮭は、海のなかに生きていると繁殖できません。海水によって、宇宙から完全に遮断されているからです。鮭は、海で繁殖しなければならなかったら、とっくに絶滅していたことでしょう。鮭は例外なのです。海で筋肉を得て、たくましくなっていくあいだ、鮭はかなり盲目であり、繁殖できません。鮭の生殖器官と感覚器官は弱く、鈍いものになります。しかし、鮭は海で太ります。

北海や太平洋で見られるように、鮭は絶滅しないために、毎年ライン川を上ります。ですから、ライン鮭と言います。しかし、ライン川は鮭を痩せさせます。鮭は筋肉を失います。塩を含んだ海で太った鮭は、ライン川で痩せます。鮭は細くなります。そして、感覚器官と、特に生殖器官がオスメスとも巨大に形成されます。そうして、鮭はライン川で生殖できます。

このように、鮭は毎年、塩を含んだ海から、甘いライン川にやってきて、生殖しなければなりません。淡水は筋肉形成に寄与しないので、鮭は細くなります。ついで、若い鮭が生まれ、老いた鮭がまだ生きていると、ともに海に行き、太ります。

ものごとは完全に合致します。地球が塩を含んでいるところでは、地球の力が作用しており、地球から形成された器官がその作用を受けます。私たちが重力のなかで動くとき、筋肉が地球から作られます。重力は地球の力です。地球は筋肉に作用し、骨に作用します。地球は私たちに塩を与え、私たちは強い骨、強い筋肉を得ます。

しかし、地球による塩の分泌によっては、私たちの感覚器官と生殖器官は発展できません。感覚器官と生殖器官は退化することでしょう。感覚器官と生殖器官は、地球外の力、天空の力の影響を受けなければなりません。

塩水と淡水でどんな区別があるかを、鮭は示します。鮭は塩水のなかに行って太り、地球の力を受け取ります。そして、繁殖できるように、淡水のなかに行って、宇宙の力を受け取ります。

「地球の動物も、一種の循環を行なっている。たとえば、鮭である」と、言うことができます。鮭は海に行ったり、川に行ったりします。鮭は海と川を往復します。鮭の群れ全体が往復します。生命のすべてが地上で動いているのを、私たちは鮭において見ることができます。

人体の左右

別のものの姿も目に入ってきます。素晴らしい見物、渡り鳥です。渡り鳥は空中を巡ります。鮭は水中を行ったり、来たりします。水中を往来する鮭は、ちょうど空中を巡る渡り鳥のようなものです。鮭は塩水と淡水のあいだを行き来します。鳥は空気中を飛び、必要に応じて、寒いところと暖かいところを行き来します。鮭の行き来を理解する者は、渡り鳥についてイメージできます。

そして、「すべてが関連している。鳥は暖かい大地の力を得るために、南に移らねばならない。そこで、鳥は筋肉を形成する。天の力を得るために、鳥は北の澄んだ空気へと行かねばならない。そこで、鳥は生殖器官を形成する」と、言うことができます。この動物は、地球全体を必要とします。高等動物・哺乳類、そして人間は地球から独立しており、地球から解放されています。

しかし、そう見えるだけです。人間というのは、常に「二つの人間」です。私たちは、もっと「多重的な人間」でもあります。物質的人間・エーテル的人間などです。しかし、物質的人間において、私たちはすでに二つの人間です。右半身と左半身です。

右半身は左半身と大きく異なっています。左利きの人は少ないと思います。私たちは右手で書きます。しかし、言語に関連する神経は、左脳に位置しています。右脳ではありません。左利きの人の場合は逆です。左利きの人は、右脳に言語組織があります。

「人間は右と左で大きく異なる」と、言えます。ほかにも、左右の違いがあります。心臓は左、胃は左、肝臓は右にずれています。内臓は左右対称ではないのです。肺葉は左に二つ、右に三つです。右半身は左半身と非常に異なっています。どうして、そうなったのでしょうか。

非常に簡単なことから始めましょう。普通、私たちは左手で字を書くことを学びません。私たちは右手で字を書くのを学びます。これは、むしろエーテル体に拠る活動です。物質的身体は重く、左側が形成されています。右側はエーテル体が形成されています。左側には肺葉が二つ形成されています。より活動的な右側は、もっと多くの生命を肺にもたらし、肺葉が三つ形成されています。

人間の場合、左側がより物質的人間であり、右側がよりエーテル的人間です。言語も、そうです。脳のなかの栄養は、右利きの人の場合、右側よりも左側に必要となります。そして、左側が地球の力を含み、右側がエーテル的な天の力を含むように、人間は組織されています。

今日の科学は、物質だけを見ようとしています。そのために、まさに物質について無知になっています。子どもの教育において、左右同じように学ばせるという有害な愚行を行なっています。人間は、左右を同じに使えるように組織されていません。度を過ごして、左右を同じに使えるように教育すると、半分気が狂った人間を育てることになります。人体は、左側が物質的、右側がエーテル的に組織されているからです。

今日の科学は、物質的・エーテル的ということを気にかけているでしょうか。今日の科学にとっては、人間の左側も右側も同じです。精神科学によって、このようなことを見通さねばなりません。人間は左側が物質的、右側が天上的・宇宙的です。

動物

さて、人間は地球からかなり解放されています。人間の物質的身体は、左側が地上的、右側が天空的に形成されています。左側が地球に、右側が天に向いていることを、人間はもはや正しく気づいていません。

地上に傾く傾向のある人がいます。そのような人は、身体の左側を下にして眠ります。左側を下にして横たわるのに疲れたか、あるいは、天に向く力に関わる人は、身体の右側を下にして横たわります。もっとさまざまのことを考慮しなければならないので、このようなことを観察するのは、もちろん困難です。思考その他によって観察するのは難しいのですが、一般的に人間は左側を下にして眠る傾向があります。左側が地上の側だからです。

しかし、人間は地球から解放されており、人間の行為は地球から独立しているので、そのように観察されるとはかぎりません。しかし動物には、これを観察できます。注目すべき方法で、世界の秘密の覆いが、いたるところで取られます。

海面があるとしましょう。海面下には、塩その他の物質を含んだ海水があります。さて、まったく独特な身体組織の魚がいます。この魚は、非常に強く地球の力に傾斜するように組織されています。ほかの魚は、水のなかに入ってくる光と空気を、強く捕らえます。魚には肺がないので、空気中では呼吸できません。空気中では死にます。鰓で、水中に入ってきた空気と光を飲み込みます。

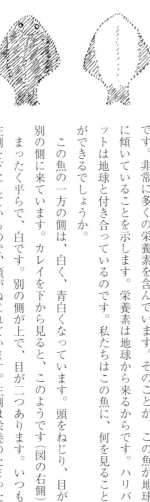

大きい種類がハリバット[注1]、小さい種類がカレイと呼ばれる魚がいます。非常に栄養のある魚です。非常に多くの栄養素を含んでいます。そのことが、この魚が地球に傾いていることを示します。栄養素は地球から来るからです。ハリバットは地球と付き合っているのです。私たちはこの魚に、何を見ることができるでしょうか。

この魚の一方の側は、白く、青白くなっています。頭をねじり、目が別の側に来ています。カレイを下から見ると、このようです(図の右側)。

まったく平らで、白です。別の側が上で、目が二つあります。いつも左側を下にしているので、頭がねじれています。左側は栄養のたまった側で、白く、青白くなっています。反対側は、空などの色を受け取り、青・茶になります。目は栄養のたまった側からひっくりかえっています。カレイはまったく一面的で、目や、あらゆる器官が一方の側にあります。他方の側は、平らで青白くなっています。

ハリバットは地球に傾いているので、本当に多くの栄養素を蓄えます。ハリバットの多くは三百キロを越える重さになります。大きな魚です。ハリバットは食用として、非常にたくさん捕られます。ハリバットの体は地球と結び付いて、いつも同じ側を向いています。

あたかも、人間が毎晩、左側を下にして横たわり、頭をひねって、いつも一方を見ているようなものです。人間の場合は、そこまでは行きません。人間は地球から解放されています。人間は地球から独立しています。

（注1）ハリバット　大西洋に棲息する、カレイ科の海魚。東北・北海道以北から北太平洋に分布するものは大鮃《おひょう》と呼ばれる。

目

人間には何かが生じることがあります。たとえば、奇妙な病気になることがあります。一方の目が、他方の目よりもよく見えるのです。もしも、生まれつきでないなら、身体のどちら側を下にして眠るかによって、違いが生じます。横たわる際に下にする側に、地球の力が作用します。そちら側の目は、いくらか弱く、弱視になります。ハリバットのようには強く作用しませんが、少しは作用します。天に向いて、地からそむけられる目は、いくらか強くなります。このように、自然がどのような力で働くかが、私たちに示されます。

小さなカレイは、魚屋に並んでいます。大きなカレイは海・塩水のなかにいます。これらのカレイを見ると、「栄養素で満たされている。その状態は解消されねばならない」と、思われます。動物が天空から何かを得ようとするなら、一方の側をいつも空に向けていなければなりません。そうすると、目は天空に傾きます。そうすることで、カレイは生殖能力を得ます。

鮭は北海からライン川に行き、ライン川から支流に入って、繁殖します。カレイは一面を下にして横たわることによって、反対側に天空が作用します。そうして、感覚を有し、生殖可能になります。

地球自身は何をするのでしょう。もし、塩を含んだ海しかなかったら、地球はとっくに滅んでいたことでしょう。地球はみずからの内では存続できないからです。地球には、塩を含んだ海水だけでなく、淡水の河川があります。淡水の河川が天空から、地球の生殖力を受け取ります。塩を含んだ海は、繰り返し地球を新鮮にするものを、宇宙の彼方からもたらすことができません。

泉に行くと、すばらしく透明な水が湧き出ています。泉の近くでは、すばらしい青草の匂いがし、すべてが新鮮です。泉のあたりの新鮮さが、生命的な地球全体を新鮮にします。地球はそこで、目と感覚器官をとおして、宇宙空間にみずからを開きます。

鮭やカレイは、地球に対する本能的感覚を持っており、必要なところに行きます。鮭は自分で、淡水の河川を探し出します。カレイの体は、光に向くようにできています。カレイは泉という、地球が光に向いているところに行くことができないので、自分の体を光に向けねばならないのです。

カレイの賢さ

まだ人間のなかにありながらも、もはや人間のなかではっきりと観察できないものが、それらの魚には見られます。人間は地球から解放されているからです。これらのことに注意しないと、地上のいとなみ全体を理解できません。

「海にカレイがいる。海はカレイをとおして、天に開かれている」と、本当に言うことができます。海が天を渇望している証拠がカレイなのです。塩分は海を天からそらせます。カレイは、光と空気への海の渇望を表現している、と言うことができます。

人体内の循環を眺めてみましょう。私たちが塩分を含むところ、筋肉のあるところに、繊細な触覚があります。目のように直接光に開かれているわけではありませんが、その場所で、人間は外に向いて開かれています。そこは、海のなかでカレイがいる場所に相当します。

カレイは天に向かって開かれています。天はカレイに、非常な賢さを与えます。私たちは、外的な触覚をよく使用できると、賢くなります。カレイは天に向かってみずからを開いているので、賢くなります。海の下にいるものは、不格好で鈍重です。カレイは恐ろしく賢明です。カレイは一面を海からそらしているために、賢い魚になったのです。もしカレイが地球の力に向かっていたら、地球の力を受け、養分が蓄積されて、三〇〇キロになるでしょう。しかし、カレイは繊細な器官を持っており、その器官をとおして天に開かれています。

カレイはほかの小さな魚を食べます。しかし、魚たちはカレイがやってくると、左右に去っていきます。ほかの魚はカレイを、亡霊のようだと思います。ほかの魚は目が両側にあって、両面が同様に形作られているのが当たり前と思うからです。ほかの魚にとって、カレイは、あたかも人間がやってきたようなものです。魚たちは素早く逃げます。カレイは、ほかの魚よりも賢くなかったら、何も食べられないでしょう。しかし、両側に目のある魚たちは、そんなに強く天に向かっていないので、賢くありません。

カレイは、海岸の浅瀬に定住します。体を平らにし、口を使って、自分を砂で覆います。そして、ほかの魚が泳いでいけるぐらい、かすかに砂を巻き上げます。そこにやってくる魚や蟹は、カレイに気づきません。通り過ぎる魚たちを、カレイは素早く、どんどん食べます。カレイは非常に賢いのです。そのようなことができるのは、天の力、宇宙の力と精妙に結び付いている動物だけです。

物質的身体の一面を形成する動物がいます。反対側は特別に強く、目に見えないエーテル体が形成されています。これらのことから、私たちの精神的な力は、地球の力には由来しないことが分かります。地球の力は、私たちを筋肉隆々にし、塩を与えます。天の力は私たちに、生殖力と精神力と賢さを与えます。

人体中の水分

人間は根本的に、小さな地球です。人間は九〇パーセント、水からできています。液体のなかを泳ぐ固体の人間は一〇パーセントにすぎないのですから、本来、人間も魚なのです。根本的に私たちは、自分の水のなかを泳ぐ魚です。外的な科学も、人間は実質的に小さな海であることを認めています。

人体という内なる海から、塩を含まない液が排出されます。私たちも、淡水の流れを有しているのです。その流れは、筋肉と骨の外にあります。それに対して、筋肉と骨のなかには、海と同じく、塩の堆積があります。私たちの栄養分は本来、筋肉と骨のなかにあります。この点で、私たちは小さな地球であり、塩を含んだ海を自分のなかに有しています。

液体・淡水の流れが強くなりすぎると、佝僂《くる》病、いわゆる英国病になります。母乳の塩分が少なすぎると、容易に子どもは佝僂病になります。塩をたくさん摂りすぎると、「海」が多くなりすぎて、骨がもろくなり、筋肉が鈍重・不器用になります。人間には、塩の摂取と、ほかの食料に含まれるものとの均衡が、いつも必要です。

　ほかの食料には、何が含まれているでしょうか。植物を見てみましょう。海へと流れる河川に沿って、地下に塩の流れが逆行し、植物を生長させます。植物の根は、地中で塩を有します。植物は大地から芽生えると、花へと生長していきます。花は光を受け取るので、美しい色をしています。花をとおして、植物は光を受け取ります。地中で、根は塩を受け取ります。外で植物は光の担い手であり、地下では塩の担い手です。植物の下部は地球の海洋部分に似ており、上部は天空に似ています。根は塩に富み、花は光に満ちています。

　昔は、このことがよく知られていました。ですから、花のなかにあるものを「フォスフォロス」と呼びました。すべてが唯物論的になった今日では、フォスフォロス（燐）は単なる固体です。フォスフォロスの「フォス」は光、「フォロス」は担い手という意味です。フォスフォロスは、「光の担い手」という意味です。フォスフォロスは本来、花のなかで光を担

うもののことです。

鉱物の燐だけがフォスフォロスと呼ばれるようになりました。燐は火を点けるのに必要です。しかし、本来の光の担い手は花です。植物の花がフォスフォロスです。

ですから、「人体内で淡水の流れを含む器官のために、私たちは光を必要とする。光に向かう植物が与えるものを、私たちは必要とする。筋肉・骨など、私たちのなかで塩分を含むもののために、私たちは塩を必要とする。それらのあいだに、正しい均衡がなくてはならない。正しい量で、双方を摂取しなければならない」と、言うことができます。

地球

地球に関しても、そうです。世界周遊者も世界旅行者も、地球が昼食を調理しているのを、どこかで見たことはないでしょう。しかし、地球は栄養を得ており、素材は絶えず交換されています。大地は絶えず、靄と霧をとおして上昇するからです。

「雨が降り、雨水は蒸留される。それは純粋な水であり、何も内に含まない」ということを、みなさんはご存じです。しかし、地球は精妙な方法で、宇宙から栄養を与えられます。地球は食事を必要としません。人間は地球から解放されているので、地球から食料を受け取らねばなりません。地球自体は、宇宙に偏在する精妙な実質から栄養を摂っています。地球は絶えず食べているのですが、精妙に食べているので、人には気づかれません。人間を粗雑に観察すると、人間が絶えず酸素を受け取っているのに気づきません。そのように、地球が宇宙から絶えず食料を受け取っているのに、人は気づきません。

私たち人間は、食事をします。私たちは胃をとおして、下腹部に食料を摂取します。それは、まったく明らかです。しかし、呼吸については不明瞭になります。明らかなものに関しては、「ある者は豪勢な食事をし、ほかの者は食べるものがない」という社会問題が発生します。人間は十分に食べたい、と欲しています。この明らかなものに関して、社会問題が生じます。

しかし、私たちが呼吸している空気に関しては、社会問題は不明瞭になります。ある者は空気をよく吸い、ほかの者は少ししか呼吸しないというふうにはなりません。私たちの腹部は、地球とはまったく異なっています。私たちの呼吸は、地球に似ています。

私たちは絶えず、聴覚をとおして鉄分を受け取っています。聴くときだけでなく、絶えず鉄分を受け取っています。私たちは精妙に鉄分を吸い取っています。私たちは目をとおして、光のほかに、さまざまな実質を吸い取っています。私たちは自分では気づくことなく、鼻をとおして非常に多くの実質を受け取っています。私たちの腹部は、地球から解放され、自由になっています。そこでは、私たちは地球が生産する食料を、焼いたり調理して摂取します。空気は宇宙空間にあるままを受け取ることができます。私たちは頭・感覚によって、地球が食料を受け取るのと同じように、宇宙から食料を受け取ります。

頭が地球の球形の模像になっているのは、意味のないことではありません。地球が宇宙空間を模しているのと同じように、頭は地球を模しているのです。重力はただ下方に働きます。重力が働くところでは、人体は地球に従って形成されています。重力は、肉体の手を下方に引きます。頭には重力はあまり影響せず、頭は丸くなっています。ですから、人間はそこで、目に見えるものから見えないものへと移行していくのです。

カレイは、魚や蟹を食べても、宇宙から来るものを受け取らないと、死滅するでしょう。魚や蟹は、カレイの青白く平らな側にしか役立たないからです。ここに、宇宙の法則と秘密を垣間見ることができます。

粗雑な観察ではなく、精妙な観察によって本当の法則を認識できるということに、精神科学は繰り返し注意を向けさせます。

地球のリズム

地球の呼吸

精神的な認識をとおして、季節の祭の意味に目を向けるのはよいことです。長い時間の経過のなかで、精神認識の影響下に設けられた四季の祭を、いかに地球の構成全体から理解できるか、みなさんに示したいと思います。

そのような関連において地球の事実について語るとき、鉱物学者・地質学者のように、地球を単に鉱物と岩石からなるものと把握してはならないということを、明確にしなければなりません。私たちは地球を、生命と心魂を持った有機体と見なければなりません。地球の内的な力から、植物・動物・人体が現われ出ました。きょうは、地上に見出される生き物すべてと、心魂を有する存在すべてを、地球に属するものと考えましょう。

地上の存在たちは、一年の経過のなかで完全に姿を変えます。地表を覆う植物を考察すれば、そうだと分かります。地球が宇宙に示す外観が変わるのです。一年経つと、地球は一年前とほぼ同じ位置にふたたび来ます。気象、植物の芽生え、動物の誕生を考えてみてください。一九二三年三月末の地球は、一九二二年三月末とほぼ同じ位置にあります。

きょうは、この循環を、地球が宇宙に対して行なう大きな呼吸として考察しようと思います。私たちは地球で生じる、もっと別の経過も一種の呼吸過程として把握することができます。私たちは、毎日の地球の呼吸について語ることもできます。ただ、きょうは季節を地球の呼吸経過として考察しましょう。

もちろん、空気を呼吸するのではありません。たとえば、植物の繁殖のなかに働く力に注目するのです。春に大地から植物を萌え出させる力、秋に植物をふたたび大地のなかに引き込む力、緑の植物を枯れさせる力に注目するのです。空気が呼吸されるのではありません。一年の経過をとおしての植物の生長を見ると、「力の呼吸」をいくぶんかは表象できます。このような地球の一年の呼吸プロセスを、心魂に描いてみましょう。

冬至

まず、冬至の時期に目を向けましょう。一二月下旬です。この時期の地球は、人間が空気を吸い込み、空気を自分のなかに摂取するときのような状態にあります。さきほど述べた力を、地球は自分の内に保っています。その力を地球は、一二月末に保っています。地球に起こっていることを、つぎのような図で示せます。

地球があります。呼吸に関しては、いつも地球の一部のみが考察できます。私たちが住んでいる部分を考察するのです。地球の裏側は、反対の状態になっています。地球の呼吸については、ある部分が吐いているとき、反対側は吸っている、と表象しなければなりません。しかし、きょうは、そのことは考慮しないでおきましょう。

一二月前に、私たちは黄色で描いたところにいます。吸った息が私たちの地域の内に保たれています。地球は完全に息を吸い込んでいます。先に述べた力を、地球は内に結び付けています。この時期、地球はみずからの心魂を、内に保っています。先に述べた力というのは、地球の心魂です。地球はみずからの心魂を、完全に内に吸い込んでいます。地球は一二月末、みずからの心魂を完全に内に保ちます。人間が息を吸って、空気を自分のなかに保つように、地球は心魂を吸い込んでいます。

そのころがイエスの誕生日とされたのは正当なことです。そのころ、地球は内部に心魂の力すべてを所有しているからです。この時期に生まれるイエスは、地球の心魂を内に担う大地の力から生まれ出るのです。ゴルゴタの秘儀（注1）のころ、古代の密儀に参入した者たちは、地球が息を吸っている時期にイエスが誕生したことに、深い意味を結び付けました。

これらの密儀参入者たちは、つぎのようなことを述べました。カルデア文化・エジプト文化において密儀参入の場が発生した古代には、高次の太陽存在について語られました。その高次の太陽存在が地上の人間に何を語るのかを知りたいと彼らは思い、高次の太陽存在の言語について、つぎのような見解を持ちました。彼らは、日光の霊性を直接観察することはありませんでした。日光を、月に反射された形で、観察しました。目を月に向けることによって、古代の明視的な心魂のまなざしをとおして、流れくる月光に宇宙の霊が開示されるのを見ました。そして、恒星と諸惑星に対する月の位置を観察することによって、その開示の意味するものが、より外的な方法で明らかになりました。

このように、カルデアの密儀、特にエジプトの密儀において、夜、星々の位置、特に流れくる月光が観察されました。紙に書かれた文字を読んで、その意味を明らかにするように、牡羊座や牡牛座が月光に対してどのような位置にあるか、金星や太陽が月光に対してどのような位置にあるかを、人々は見ました。星々と星座がどのような位置関係にあり、月光と星々がどのような方角にあるかをとおして、天が地球に語ることを読み取りました。

そして、それを言葉にしました。言葉にされたものの意味を、古代の密儀参入者たちは探求しました。のちにキリストと呼ばれる存在が地上の人間に告げることを、彼らは探求しました。月との関係において、星々が地上に語りかけるものを、古代の密儀参入者たちは読み解いたのです。

（注1）ゴルゴタの秘儀　シュタイナーのキリスト論において、太陽神キリストがヨルダン川における洗礼においてイエスに下り、十字架上の死と復活をとおして地球の神霊となったできごと。『シュタイナー用語辞典』参照。

ゴルゴタの秘儀

ゴルゴタの秘儀が近づくと、あらゆる秘儀の本質が精神的・心魂的に大きく変化しました。密儀参入者たちの長老が弟子たちに、「星々の位置を、月光との関係で見てはいけない時代がやってくる。未来には、宇宙は別様に地上の人間に語る。太陽の光が直接、観察されねばならない。私たちの精神的な認識のまなざしは、月の開示から太陽の開示へと移っていかねばならない」と、言いました。

ゴルゴタの秘儀の時代に、初めて秘儀のなかで教えられたものは、古代の秘儀参入者に大きな印象を与えました。この観点から、密儀参入者たちはゴルゴタの秘儀を判断しました。彼らは、「月から太陽的なものへの移行を引き起こすものが、地球の事象のなかに入り込まねばならない」と、言いました。

こうして彼らは、イエス誕生の宇宙的意味に到達しました。イエスの誕生によって、もはや月ではなく、太陽を宇宙現象の君主とする衝動が地球から与えられた、と彼らは見ました。「そこで生じた出来事は、特別のものにちがいない」と、彼らは思いました。その特別の意味は、つぎのような方法で彼らに明らかになりました。

彼らは、一二月下旬における地球の事象の内的な意味を理解しはじめました。クリスマスの時期の、地上の出来事の意味を、彼らは理解しはじめました。

「すべてが太陽に関係されねばならない。しかし太陽は、地球が太陽の力を吐き出したときしか、地球に力を行使できない。クリスマスの時期に、地球は太陽の力を吸い込み、内に保つ。イエスが誕生した時期は、地球が宇宙と語るときではなく、地球がみずからの内に引きこもっているときだ。地球が息を吐き出さず、孤独に宇宙を回転する時期に、イエスは生まれたのである。この時期には、地球の呼吸は太陽の力、太陽の光の波に貫かれたであろう。この時期、地球は心魂を宇宙に差し出さない。心魂をみずからの内に引き入れ、吸い込んでいる。地球が単独で宇宙に向かい合う時期に、イエスは誕生した」と、彼らは思いました。

このような考えの基盤になっている宇宙的な感受性を思い描いてみてください。

春分

さらに地球の季節を追っていきましょう。春分、三月末まで追っていきましょう。つぎのように描かねばなりません。

地球は息を吐いています。心魂はまだ半分、地球のなかにありますが、しかし地球は心魂を吐き出しました。地球の満ちあふれる心魂の力は、宇宙のなかに注ぎ出ます。キリスト衝動の力は一二月以来、地球の心魂と密接に結び付いていました。

いまやキリスト衝動は、流れ出る心魂とともに、地球のまわりを照らしはじめます（矢印）。キリストに貫かれた地球の心魂が霊的宇宙空間に流れ出し、太陽の光と出合います。キリストは、宇宙の影響から離れるために、一二月に地球内部に心魂的に引きこもっていました。地球が息を吐くとともに、キリストの力は流れ出て、こちらに向かってくる太陽的なものを受け取ります。地球から発するキリストの力が、太陽的なものと結び付くと、図を正しく描けたことになります（黄色）。

キリストは復活祭の時期に、太陽と共同しはじめます。復活祭の時期は、地球が息を吐くときに当たります。そこで生じることを、反射された月光ではなく、太陽に関連させせねばなりません。

このような理由で、復活祭は春分後の満月のあとの日曜日になっています。そのようなことを感じつつ、人間は復活祭のころに、「私がキリストの力と結び付けば、地球の心魂が空気を吐くのと一緒に、私の心魂も宇宙の彼方に流れ、太陽の力を受け取る。キリストは地球から、太陽の力を人間の心魂に補給する。ゴルゴタの秘儀以前は、キリストは太陽の力を宇宙から人間に補給していた」と、言わねばなりません。

しかし、そうすることで、ほかの何かが入ってきます。昔は、地上で最も重要なものが月光に関連していました。当時、祭は空間のなかで観察できるもの、つまり月が星々に対してどのような位置にあるかに従って決定されました。祭を定めるために、ロゴス(注1)が空間のなかに書き込んだ意味を解読しました。復活祭に関しては、ある点まで空間的に設定されました。「春分ののちの満月」と言うことができました。

そこまでは、すべてが空間的です。いまや、人間は空間から抜け出ます。「春の満月のあとの日曜日」です。日曜日というのは空間的に設定されるものではなく、季節の循環のなかで決定されます。一週が、土曜・日曜・月曜・火曜・水曜・木曜・金曜・土曜というふうに循環するのと同じです。月の位置によって空間的に設定されるものから、日曜日という、季節の循環における純粋に時間的な経過へと移りゆきます。こうして、空間から出るのです。

古代の密儀で感受されたのは、つぎのようなことです。古代における祭の時期の設定は、宇宇宙空間に関連していました。人間はゴルゴタの秘儀によって、宇宙空間から出て、もはや宇宙空間と関係しない時間のなかに入っていきました。空間から、精神に関するものが抜き去られました。これは人間精神への大きな衝撃でした。

（注1）ロゴス　キリストのこと。神智学では、第一ロゴスが父なる神、第二ロゴスが子なる神（キリスト）、第三ロゴスが聖霊のことである。『シュタイナー用語辞典』参照。

ヨハネ祭

季節、地球の呼吸がさらに進んでいくと、六月に地球は第三の状態になることが見出されます。いま観察した場所で、地球はまったく息を吐き出しています。

地球の心魂は、宇宙空間に注ぎ出ます。地球の心魂全体が宇宙空間に帰依します。地球の心魂は太陽の力、星々の力に浸ります。地球の心魂に結び付いているキリストの力は、星々の力、太陽の力と結び付きます。宇宙に帰依する地球の心魂のなかに、星々の力、太陽の力が流れてきます。地球は息を吐ききっています。地球は冬至のころのように、宇宙に向けている表面に、みずからの力を示すのではありません。地球の表面には、星々の力、太陽の力、宇宙すべてが反射します。

特に北欧で、古代の密儀参入者たちは、六月の内的な意味と精神をいきいきと感じました。

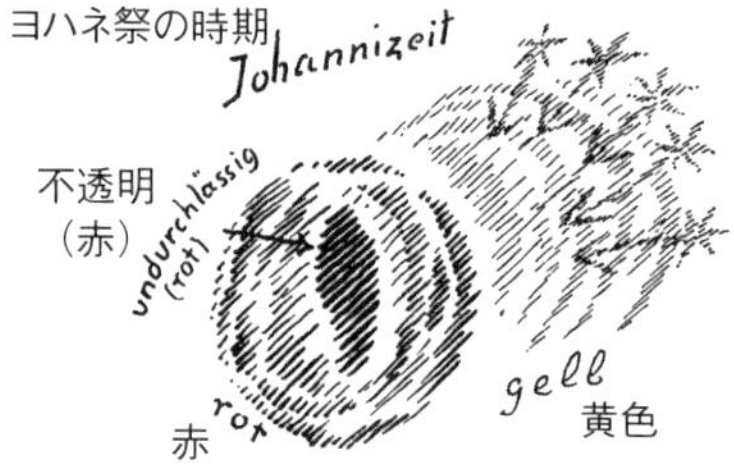

彼らは心魂が、地球の心魂とともに、宇宙の彼方に帰依すると感じました。彼らは地球内部ではなく、宇宙の彼方に、いきいきと自分を感じました。何よりも、彼らはつぎのように思いました。

「私たちの心魂は、宇宙の彼方に生きる。私たちは太陽とともに生き、星々とともに生きる。芽生える植物に満ち、たくさんの動物を生み出した地球にまなざしを戻してみよう。芽生える植物、色あざやかに輝く花々、あちらこちらへと動く昆虫、色あざやかな羽根で空中を飛ぶ鳥を見てみよう。私たちは宇宙的に生きるために、地球を離れて、地球が吐く息に結び付く。そのときに心魂のなかに受け取るものが、地上の植物・生物のなかに反射している。じつに多様な色彩で、大地から芽生え、生長するものが宇宙空間に示される。自然とは反射である。反射する力である。一方、私たちは心魂のなかに直接、力を担っている」

密儀参入の場から霊感を受けた人々は、このように夏至の祭を感じました。ヨハネ祭は、宇宙に対する地上の呼吸過程のなかで、このような位置にあります。

この呼吸をもっと追っていくと、九月末にいたります。吐き出した力が、ふたたび戻りはじめます。地球はふたたび息を吸いはじめます。宇宙に注ぎ出た地球の心魂が、ふたたび地球内部に戻ります。人間は意識下、あるいは明視的印象において、この地球の心魂の呼吸を、自分自身の心魂の経過として知覚します。

秘儀参入の認識から霊感を受けた人々は九月末に、「宇宙が私たちに与えたもの、キリスト衝動をとおして私たちの心魂の力に結び付いたものを、私たちはふたたび地上に流す。地上は夏のあいだは、宇宙を映す鏡のように、ただ反射によって繁栄していた」と、思います。鏡は、その前にあるものに浸透されはしません。地球は夏には宇宙の鏡なので、内部は宇宙にとって不透明です。そのために地球は、夏にはキリスト衝動にとって不透明になります。キリスト衝動は、吐き出された息のなかに生きねばなりません。

夏の地球はキリスト衝動にとって不透明です。キリスト衝動にとって不透明になった地球のなかに、アーリマン（注1）的な力が居を占めます。地球が吐き出した力をとおして、自分の心魂のなかに受け取った力を伴って、キリストの力を伴って、人間は地球に戻ります。そのとき、アーリマン的な大地の下に潜ることになります。現在の地球進化の経過のなかで、一九世紀後期以来、沈みゆく人間の心魂を、精神の高みからミカエルの力が助けにやってきます。ミカエルの力は、地球の呼吸が地球のなかに戻るときに、アーリマン龍と戦います。

古代の密儀のなかで季節の経過を精神的に理解した者たちは、それを予言的に予見しました。「ミカエルの力が、沈みゆく人間の心魂を助けにくる」という秘密が、彼らの時代には解明されないことを、彼らは知っていました。心魂は繰り返し生まれます。ミカエルの力がやってくると、このミカエルの力が地上の人間の心魂を助けるということを、彼らは知っていました。この意味で、彼らは季節の経過を見ました。カレンダーでは、古代の知恵によって、秋分の数日後、九月二九日がミカエルの日とされています。ミカエルの日は、田舎の素朴な人々にとって、非常に重要な時期です。

現在の地球時代の意味を理解しようとする人々にとっても、ミカエルの日は重要な時期です。正しい意識をもって現代に精通するなら、一九世紀後期からミカエルの力が、現代に必要な方法で、龍＝アーリマン的な力との戦いを引き受けたのが分かるにちがいありません。意識的に、この宇宙的・精神的な戦いに加わることによって、地球進化・人類進化の意味を成就しなければなりません。

いままで、ミカエルの日は農夫の祭日でした。「素朴な人々の祭日」というのがどういう意味か、お分かりでしょう。地球的・宇宙的な一年の呼吸の意味を洞察して、復活祭を補うものとして、ミカエルの日が作られていったのです。地球の生命を霊的な意味で理解する人々は、このように考えるにちがいありません。

夏に息が吐き出されているあいだ、地球はアーリマン化しています。アーリマン化された地球でイエスが誕生したら、それは悲痛だったでしょう。季節の循環が完了するまえ、心魂を持った地球のなかにキリスト衝動が生まれ出る一二月になるまえに、地球は霊的な力をとおして、龍＝アーリマン的な力から清められねばなりません。九月から一二月まで流れ込む地球の呼吸と結合し、アーリマンに打ち勝ち浄化するミカエルの力と結合しなければなりません。そうすると、正しくクリスマスに近づき、キリスト衝動が正しく誕生します。キリスト衝動は、地球が息を吐き出しはじめる復活祭まで、成熟していきます。

（注1）アーリマン　ゾロアスター教において、光の神アフラ・マズダに対立する闇の霊。人間を物質界に封じ込めて、精神界を忘却させようとする悪魔的存在である。『シュタイナー用語辞典』参照。

一年の経過

このように、「クリスマスの時期、地球はみずからの心魂を内に受け取った。地球はみずからの心魂を、一年の呼吸のなかで受け取った」と、言うことができます。キリスト衝動が、地球内に入った地球心魂のなか、地球の内部で生まれます。春になると、キリスト衝動は、地球が吐く息とともに、宇宙に流れていきます。キリスト衝動は星と相互作用します。単に空間的に関係するのではなく、時間的に関係します。時間的なものが空間的なものから取り出されます。

春分後の満月ののちの最初の日曜日が復活祭です。人間の心魂は、地球が息を吐き切ったなかで、宇宙へと高まります。そして、星々に浸透され、地球の呼吸とともに宇宙の呼吸を受け取り、復活祭の気分に浸ります。そして、復活祭の時期から人間に浸透しはじめたものが、ヨハネ祭の時期に最も強く浸透します。それから、地球の心魂と自分の心魂をもって、人間は地球に帰らねばなりません。ミカエルの力がアーリマン的なものに打ち勝ったあと、ミカエルは人間が正しく地上に入っていけるように助けます。

地球の心魂は、吸い込まれる呼吸の力とともに、地球のなかに戻っていきます。そしてクリスマスの時期まで、地球内にあります。「ミカエルが地球を清めたので、クリスマスの時期に正しい方法で、キリストたるイエスは生誕できる」と思う者が、正しくクリスマスを祝います。

それから、ふたたび宇宙への流出がなされます。キリストは流出に際して、ミカエルを伴っていきます。そうすることによって、ミカエルは地上的・アーリマン的なものとの戦いにおいて使い果たした力を、宇宙からふたたび身に付けることができます。復活祭になると、ミカエルはふたたび宇宙へと没入しはじめ、ヨハネ祭のころに最も強く、宇宙に織り込まれます。

正しい意味で現代を把握する人間は、「季節の循環のなかで、キリスト衝動にミカエルの力が正しく付き添う。キリストが地球のなかに引きこもるとき、宇宙へと上昇するとき、地球で戦うミカエル、宇宙の彼方で戦いの力を獲得するミカエルが付き添う。このことを知ると、キリスト衝動を正しく見ることのできる時代が始まる」と、思います（次図参照）。

地球存在を啓蒙する壮大なイメージ、墓から復活したキリストのイメージ、死に打ち勝ったキリストにミカエルの姿を付け加えると、現代にふさわしい意味で、復活祭の思想が把握できます。一年の経過のなかで、地球の呼吸の力にキリストの力が織り込まれるに際して、キリストたるイエスの右側にミカエルが立ちます。

一年の四つの祝祭をこのように理解し、キリスト思想を自分のなかでいきいきとさせるのです。キリスト思想は、現代の地上の人間に完全に正しく理解されると、いきいきとしたものになります。キリスト衝動を正しい方法で理解した者たちは、キリストに仕えるミカエルの力の到来への希望によって活気づきます。

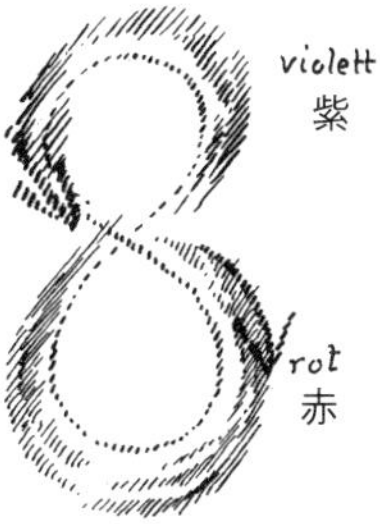

ミカエル思想の意味で、キリスト衝動に貫かれる義務が、今日、

私たちの目を覚まさせます。復活の思想を、人類進化のなかに現われた活動的なミカエルの思想に結び付けることができると、私たちは正しくキリスト衝動に浸透されます。

太陽・月・星

星と神々

人間と自然のいとなみの密接な関係が、繰り返し示唆されてきました。自然科学の本には、一定の期間内におけるライ麦の価格の変動が記されており、その際、氷河の状態の変化や、カスピ海の水位について示唆されています。一瞥すると、それらのことがらをまじめに関連させることはできないように思われます。とはいえ、新しい関連が確認されています。まだ多くのことが確認されていき、誤りが取り除かれていくにちがいありません。しかし本質的に、科学によって、謎のように思われる相互作用が解明されていきます。

それらの出来事の多くは、太陽の活動と関連しています。なかでも、太陽黒点の大きさと数の増減に関連しています。太陽黒点の増加と減少には、一定の規則性があります。およそ一一年あまりで、太陽黒点は最多になります。今日まで行なわれた観察の結果、一一年半という周期が計算されています。

太陽黒点の活動に原因する気象条件の変化は、はっきりと目に見えるものではありません。太陽黒点の増加は、太陽熱の放射が減少する条件になるように思われ、自然に大きな変化をもたらすように思われます。たとえば、よいワインができるのは一一年ごとです。ブリュックナー(注1)が指摘した三五年周期の気候変動は、まだ科学的に確認されていません。四回あったと言われている氷河期という地表の大変化も、太陽の活動と地軸の位置に関連させられています。科学は、氷河期は四回あったとしています。

このように、私たちの純粋に機械的な思考によって、太陽上の出来事が地球の進化と関連づけられます。昔は、今日の科学が感情的に排除する方法によって考察がなされていました。最も偉大な学者の一人であり、非常に慎重な思想家であるアリストテレス(注2)は、「太古の教えによると、星々は神々であった。そのほかに民衆が神々について語ることは、無価値であり、作り物である」と語っています。

アリストテレスはこの教えを、慎重に表現しています。彼はこの教えに、敬意をもって向かい合っています。

太古の叡智を、今日の自然科学者は見下しています。太古の叡智の名残りは、占星術と呼ばれるもののなかにも、まとまりのない、愚かなかたちで含まれています。それは人類の原初の叡智に遡るものです。そのような原初の叡智が何から成り立っているのか、明らかにするのは容易ではありません。今日、人間は星や地球を、宇宙空間を運行する単なる物体と見ています。天体が人間の運命にとって何かを意味すると考えるのは子どもじみている、と現代人は言うでしょう。

昔は、人間と世界を対峙させたとき、もっと別な感じ方をしました。骨や筋肉や感覚ではなく、自分のなかに生きる感情・感受のことを考えたのです。古代の人々にとって、星は神的・霊的存在の身体でした。彼らは、天体の神霊に貫かれるのを感じました。

今日の人間は、機械的な力が太陽系のなかに働いている、と認識します。昔の人は、心魂的・精神的な力が星から星に作用するのを見ました。物質的な力ではなく、純粋に精神的な力が星から星へと作用している、と偉大な密儀参入者たちは教えました。

（注1）ブリュックナー　Eduard Brückner　オーストリアの地理学者・気象学者（一八六二―一九二七年）。

（注2）アリストテレス　Aristoteles　古代ギリシアの哲学者（紀元前三八四―三二二年）。プラトンが超越的なものと考えたイデアを、質料に内在する形相ととらえた。『シュタイナー用語辞典』参照。

唯物論

この宇宙感情が、現在の唯物論的なニュアンスの世界観へと変化したのは、よく理解できます。しかし、この五〇年ほど前からの唯物論的見解が、あらゆる時代に通用すると信じる者は、精神的な宇宙経験を予感できません。地球が宇宙創造の目的だという見解も、唯物論は拒否します。

キリストが地上を歩んだにもかかわらず、地球は星々のなかで砂粒のようなものにすぎない、と今日では述べられます。自己を過大評価しない者にとって、この無意味な地球に神的存在が下ったとは考えられないことであり、受け入れがたいことです。昔の人間は、何よりも宇宙空間の精神内容を自分のなかに受け入れるために、上空を見上げました。宇宙は単なる物質空間だ、とは感じませんでした。唯物論的な世界観の登場によって、人々は物質界を初めて獲得しました。私たちはここで批判をしようとは思いません。どのようにその変化が生じたのかを理解しようと思います。その変化はすでに長いあいだ準備されてきたのですが、一九世紀に大きな進歩を遂げました。

近代の世界観は、カント[注1]とその信奉者たちにおいて、明瞭に現われました。近代の世界観が述べる太陽系の発生は、一般に知られています。天体の発生を説明するために、水かアルコールの入った容器に、油を一滴注ぎます。そして、その油を回転させます。そうすると、小さな球体と大きな球体に分かれます。油がそうなるのと同じように、宇宙は靄、火の霧、原初の霧から分離した、と言うのです。

一九世紀に自然科学と天文学は大いに進歩し、カントとラプラス[注2]の宇宙像を、訂正しつつ変化させて継承しましたが、大要は本質的に同じものにとどまりました。キルヒホフ[注3]とブンセン[注4]の偉大な発見、すなわちスペクトル分析も、それを裏書きするように思われます。スペクトル分析をとおして、地球を構成する鉱物の多くが、ほかの天体にもあることが証明されました。太陽にも、地上で既知の元素の三分の二以上があるのが確かめられました。この宇宙像の継承者[注5]が、「宇宙の形態を追っていくと、このような方法で原初の霧が形成されたことが明らかになる。時計のネジが巻かれるのと似ている」と語ったのは、通常思われているよりも重要で、特徴的なことです。

原初の霧から天体が発生するのを、いま述べた実験によって説明できます。しかし、論理的な思考は、ものごとを終わりまで考え抜くことを要求します。そうすると、重要なことを忘れているのが明らかになります。どうして、球は回転するのでしょうか。実験者の行なう動きによってです。この実験の結果を、天体発生の仮説に適用するに際して、実験者のことが忘れ去られているのです。宇宙像を証明するにあたって、このような「ささいなこと」は無視されます。実験者のことを知ろうとはしません。

今日の自然科学に敵対しなくても、私たちは実験者のことを問うことができます。自然科学的な思考を土台としながら、厄介な実験者のことを忘れないでいることができます。彼は、すべての背後に立つ精神存在です。感覚界の現象のなかに、みずからの本質を開示する精神存在の総体です。正確な精神科学の探究の成果は、そのように示すことができます。

精神科学は、今日の科学の探究したものを否定しません。事実に即した厳密な観察・実験・思考によって得られた結果は、全面的に認めます。そのような、感覚界のみに注目する研究の必然性を、精神科学は承認します。しかし、精神が物質の根底であり、物質は精神存在の外的な表現であることを人類に示唆しなければならない時代が来たことを、精神科学は知っています。

（注1）カント　Immanuel Kant　ドイツの哲学者（一七二四―一八〇四年）。認識は対象の模写ではなく、主観が感覚の所与を秩序づけることで成立するとした。また超経験的なものは信仰の対象であって、認識の対象ではないとした。一七五五年に、回転するガス塊から太陽系が発生したという説を発表した。『シュタイナー用語辞典』参照。

（注2）ラプラス　Pierre Simon Laplace　フランスの数学者・天文学者（一七四九―一八二七年）。一七九六年に、回転するガス塊から太陽系が発生したという説を発表した。

（注3）キルヒホフ　Gustav Robert Kirchhoff　ドイツの物理学者（一八二四―八七年）。ブン

センと共同で、スペクトル分析を発見した。
（注4）ブンセン　Robert Bunsen　ドイツの化学者（一八〇九―九九年）。
（注5）この宇宙像の継承者　アメリカ（カナダ出身）の天文学者シモン・ニューコンブ（一八三五―一九〇九年）のこと。

地球の引力と太陽の引力

精神科学は、引力と反発の機械的なプロセスのみを考察するのではありません。そのほかに、精神的な力に相当するものを調べます。精神科学の方法に従って、植物をいきいきとイメージするために、つぎのようなことを行なわねばなりません。

植物は、根を下に向け、茎を上に向けています。二つの力のうち一つは、地球の中心に向かっており、第二の力は地球の触手をもぎ取ろうとしています。単に外的な目で植物を考察するのでない者には、根と花がこの二つの力を表現していることが分かるでしょう。

超感覚的な高次の引力と反発力が、ここでは活動しています。引力は地球からやってきます。反発力は太陽から下ってきます。植物が太陽の力だけに向かい合うなら、どんどん生長し、つぎつぎと葉が現われ、枯れていきます。地球から作用する妨害の力が欠けるからです。そのように植物は、太陽と地球の力の表現・結果なのです。

私たちは植物を、一個の分離された形成物とは見なくなります。植物は地球有機体全体の一部のように思われます。ちょうど、髪が人体の一部であるのと同じです。人間は心魂・精神の表現です。同様に、地球は生命的な全体であり、生命・神霊を表現するものです。

植物や髪の毛が有機体の一部であるのとはちがって、動物はもっと独立しています。動物が部分的に独立しているのは、動物心魂を付与されているからです。人間心魂が個的な心魂であるのに対し、動物心魂は集団心魂です。動物は集団心魂の開示であり、人間の指が身体に属しているように、集団心魂に属しています。こうして動物は、地球有機体への結合度が少なくなっています。

それを理解するためには、引力・反発力は惑星の運行を引き起こす神霊的な力を地上的に模したものである、と考えねばなりません。その力を、カントーラプラス宇宙像と、それを修正・補足した理論は、「重力」と呼んでいます。彼らの結論は、事物を感覚的に観察すると、事実であることが明らかになります。物質的に知覚できる現象を引き起こす神霊的原像は現実に存在し、正確な精神科学研究によって明らかになります。

動物の集団心魂が惑星を取り囲んでいます。そのことによって、動物界は惑星から独立しています。どの惑星も植物界を太陽系と共有しており、両者は関連しています。どの惑星も自転しており、動物の住める惑星には動物界があります。

人間と太陽と月

人間を考察すると、深い意味のある事実に注意しなければなりません。胎児は月の影響下にあります。胎児は成長するのに十月《とつき》（四週間×一〇回）を必要とします。まだ独立した存在として現われていない胎児を、月の力が支配します。創造的に作用する力、花・果実へと発展していく植物の力は太陽の力です。人体は、形態に関しては、月に依存しています。そして、この形態を与える力は、太陽の力と関連しています。

太陽と月の力は、人間の進化に必要な、生命と形態の対立として示されます。月の力だけが作用していたら、進化・前進はなされていなかったでしょう。反対に、太陽の力だけだったら、人間は燃え尽きていたでしょう。月光は、単に日光を反射したものではありません。月光は、形態を形成する力です。日光は単なる光ではなく、生命の力、急激な生命の力です。日光だけにさらされたら、人間は生まれると同時に年老いていたでしょう。人間の形態は月の成果であり、人間の生命は太陽の成果です。

スペクトル分析によって、太陽の鉱物的・化学的成分を認識できますが、地上に注がれる霊的な生命力は認識できません。望遠鏡では、硬直した天体である月しか見えず、形態を形成する霊的な力は見えません。自然科学者は太陽のなかに、灼熱のガス球、氾濫する流れ、波立つ金属、太陽黒点、紅炎を認識します。しかし、太陽は霊的存在の身体、生命の経過の君主であるとは認識しません。

ゲーテは、最初の現代的自然科学者の一人です。彼は単なる機械的・物理的プロセスを越えた観点から考察しましたが、成果を上げることはありませんでした。私は昔、フランクフルトの自由ドイツ財団で講演(注1)したことがあります。「ゲーテの文学を誉めそやす者たちが、ゲーテの色彩論を無視しているのは言語道断の不正だ」とショーペンハウアー(注2)が辛辣な言葉で嘆いていることを、私は示唆しました。今日では、学者はいやいや、ゲーテの色彩論について語ります。純粋に物理学的になった色彩論を考慮する物理学者には、ゲーテの色彩論は美しく詩的ではあっても、認めがたいものです。いつか、ゲーテの色彩論を正しく理解できる時代がやってくるでしょう。そうすると、色彩は七つの基本色、物質的振動から成り立つのではなく、地上的な光の背後に、太陽から流れてくる生命が存在することを、人々は洞察するでしょう。ゲーテが虹の色を、光の行為だと言ったときに意味したものも、理解できるようになるでしょう。

星・太陽・月からは、光線が流れてくるだけではありません。精神的な生命の流れが、私たちに下るのです。物質的な光だけを見ているかぎり、これは理解できません。精神的なものは、人間のファンタジーによって予感されます。そして、感覚的・超感覚的な観照においてイメージとして体験され、精神研究によって経験されます。

（注1）講演「ゲーテ文書館の最新の公開資料によるゲーテの自然観」（一八九四年）。シュタイナー全集第三〇巻『人智学の方法論的基盤』所収。

（注2）ショーペンハウアー　Arthur Schopenhauer　ドイツの哲学者（一七八八―一八六〇年）。世界は表象であり、その根本には生への盲目的意志があるとした。

不可視の領域

人間はいくつもの部分からなる存在です。眠ると、ベッドには物質的身体とエーテル体しかありません。アストラル体と個我は、物質的身体とエーテル体から離れて、精神世界に上昇します。そして、精神世界で力を受け取ります。それよりも崇高な力を、人間は日中、太陽と月から受け取ります。

アストラル体は、アストラル界の非常に軽い実質のなかに組み込まれており、星の世界がアストラル体に強く影響します。起きているあいだに、物質的な力が物質的身体に作用するように、星の世界がアストラル体に作用します。人間は宇宙から、すなわち星天・宇宙神霊から生まれたからです。

このように太陽・月・星を見上げると、どんな力がそこに働いているのか、理解できます。そして、宇宙空間における霊的なものを知ることができます。人間に似た宇宙神を予感するのではありません。宇宙の霧の背後の霊的な力を、私たちは感じ取ることができます。そうして、どのように宇宙が発生するかを洞察します。活動する力の背後に、その力を指導する存在たちを、私たちは体験しはじめます。

シラー（注1）も、物質的な星々の世界のみを研究している天文学者に呼びかけるときに、そう考えました。

星雲や太陽について、そんなにしゃべらないでくれ。
自然は君たちが計算できるだけの大きさなのだろうか。
君たちの研究対象は、もちろん、空間のなかで最も崇高なものだ。
しかし、友よ、空間のなかに崇高な者は住んでいない。

もし外的な力だけを考察するなら、私たちは崇高な者を見出せません。しかし、私たちが精神的なものを探求し、広大無辺の星界から自分自身に戻ると、自分の内面に、宇宙空間を流れる霊的生命の一滴を見出すことができます。

このような態度で天体に向かい合うと、「何十億の太陽も、人の目に映らず、人の心を喜ばさなかったら、無意味であろう」という、ゲーテ作『ヴィンケルマン』中の言葉を、もっとよく理解できます。

この言葉は思い上がったもののように聞こえますが、正しく理解・把握すると、謙虚なものです。私たちは、生命の流れを発する太陽を見上げます。太陽は力強いものであり、月によって弱められないと、私たちには耐えられません。このようにして、私たちは宇宙のなかに霊的なものを見ます。その霊的なものを知覚できる器官を自分の内に持っている、と私たちは知っています。私たちは宇宙の霊性を、人体器官に反射します。私たちは太陽を直接見ることはできませんが、その輝きが滝の水に反射するのを見ることはできます。それをゲーテは、ファウスト（注2）が地上生に戻ったあとの場面で、つぎのように語らせています。

太陽よ、私の背にとどまれ。
岩礁を轟々と落ちる滝を私は眺め、
どこまでも魅了されていく。
つぎつぎと落ちていく水は、千の流れとなり、
何千もの流れとなって、
空中高く水泡を上げる。
この嵐に生じて、アーチを懸けている

変化しながら持続している虹は、なんと素晴らしいことか。
あざやかに描き出されては、空中に飛び散り、
香しく涼しい水飛沫《みずしぶき》を広げる。
これこそ、人間の努力を映し出している。
この虹の意味を考えてみれば、おまえはもっと正確に把握する。
色さまざまな反映が、私たちの生なのだ。

（注1）シラー　Friedrich von Schiller　ドイツの劇作家（一七五九―一八〇五年）。『シュタイナー用語辞典』参照。

（注2）ファウスト　Faust　ゲーテの代表作『ファウスト』の主人公。ここで引用されているのは、『ファウスト』第二部第一場。『シュタイナー用語辞典』参照。

月のリズム

一九世紀以前の科学

きょうは、今日「科学」として通用している観察方法と表象方法からは、かなりずれる話をすることになると思います。人間の表象と見解は、科学・大衆的科学をとおして馴染んだものによって育成されます。きょうの講演の内容は、今日の科学の通念とは遠く離れているので、これから話すことは夢想、恣意的な思考・表象と見なされるだろうと思います。

月については、今日の科学の観点から、大衆向けの本にさまざまなことが述べられています。しかし、大衆的な科学が月について教えていることに、みなさんは十分に満足できないと思います。一九世紀に、月についての科学の記述は、ますます用心深く、乏しくなってきたからです。

望遠鏡と天文写真が、私たちに月面の姿を示します。月面に見出されるものを、人はクレーター、溝、月の平野、月の谷などと呼んでいます。そうして、月の様相について観察します。しかし、本当の精神科学の意味で、「月は地上の生命に特別の意味・影響を持つか」と、問うべきです。

地上の生命にとって月が有する意味について、昔からさまざまなことが言われてきました。地球は太陽に関連しています。日光・太陽熱その他、地上への太陽の作用は否定できません。もう一つの天の光＝月は、地上の生命、特に人間の生活に何らかの意味を持っているでしょうか。

以前は、月が地上の生命にかなり強く影響する、と語られていました。潮の満ち引きという地球の現象は、昔から、月の引力に関係するとされてきました。また、地上の天気に月が影響する、と語られてきました。

一九世紀前半には、真面目な科学者と医者が、月がさまざまな病気に及ぼす作用、人間の生命の経過に及ぼす作用について、研究をまとめました。一九世紀前半には、民間信仰あるいは民衆の迷信とは関係なく、月相が発熱・喘息・甲状腺腫などに影響する、と語られました。医者と科学者が、月相が人間の生命の経過と、病気・健康に影響すると仮定して、そのようなケースを記録しました。

二人の科学者

一九世紀中葉に始まった科学的思考方法とともに、月が地上の生命に意味を持つという見解は少なくなっていきました。月は潮の満ち引きを引き起こす、という見解だけが残りました。月が天気に影響するとか、人間の生命、地上の生命に影響するとは考えなくなりました。

一九世紀における自然科学的認識の領域で、非常に重要で画期的な成果を上げた学者が、月が天気や地上の生命に影響するという意見に、怒りをぶちまけたことがあります。この傑出した学者は、植物細胞の発見者シュライデン(注1)です。この領域で画期的なことを成し遂げた彼は、ドイツのある自然科学者に、痛烈な言葉を投げ付けました。その自然科学者は、学際研究に関して大きな業績を上げたグスタフ・テオドール・フェヒナー(注2)です。植物細胞の発見者とグスタフ・テオドール・フェヒナーのあいだで、有名な「月論争」がありました。グスタフ・テオドール・フェヒナーは、著書『ゼンド・アヴェスタ』のなかで、植物には心魂が吹き込まれている、と主張しました。彼は『精神物理学』において、微妙な自然科学的認識のために、多くのことを果たしました。グスタフ・テオドール・フェヒナーのことをもっと正確に述べないと、この有名な月論争について語ることはできません。

グスタフ・テオドール・フェヒナーは、一面では、非常に勤勉・慎重・正確に、研究の成果をまとめた学者です。しかし、彼は「アナロジーの方法」を用いて、あらゆる現象が人間だけでなく、たとえば植物に心魂を吹き込むのを示そうとしました。

彼は人間生活の現象から出発しました。人間の生活がどのように経過するかを示しました。そして、アナロジーの方法を用いて、類似の事実と現象を地球・太陽系・植物界に見出しました。それらの現象を人間生活と比較し、アナロジーにアナロジーを重ねて、つぎのような見解を得ました。「心魂を有する人間の生活を追っていくと、つぎのような現象が示される。ほかの現象を追っていくと、人間生活との類似性を確認できる。それなら、ほかの現象も〝心魂を有している〟と認めるべきではないか」。

自然科学者が外的現象を考察するように、精神科学の土台に立って、精神生活に関することがらを厳密に科学的に考察する人は、グスタフ・テオドール・フェヒナーが成し遂げたものを、単に才気あふれる遊びと思います。そのような才気あふれる遊びが刺激的で、精神を流動的にするとはいえ、単なるアナロジーには用心しなければなりません。

「グスタフ・テオドール・フェヒナーのような刺激的な人物が行なったことは、非常に興味深い。世界の謎を、できるだけわずかの知識によって、気楽に解こうとする人々は、よくフェヒナーを引き合いに出す。そして、フェヒナーから多くのものを、自分の思考方法に取り入れる。しかし、これらの模倣者は、フェヒナーが与えた刺激に匹敵するものを与えない、ということを強調しなければならない。フェヒナーの与えた刺激は才気あふれるものだと認めるが、それ以上のものではない」と、言うことができます。

（注1）シュライデン　Matthias Jakob Schleiden　ドイツの生物学者（一八〇四―八一年）。植物組織を研究し、生体の細胞説を唱えた。

（注2）グスタフ・テオドール・フェヒナー　Gustav Theodor Fechner　ドイツの物理学者・哲学者（一八〇一―一八七年）。実験心理学の土台となる精神物理学を創始した。

シュライデン

シュライデンについては、「植物細胞の発見者」と言えば十分でしょう。彼は知覚能力・認識能力を、外的な道具を用いてではあっても、現実の事物に向けました。このような人物には、外的な現実にとどまる傾向があるのが、最初から分かります。彼はアナロジーに共感を示しませんでした。フェヒナーのように、才気あふれる形で自然の小さな関連について語るのは、シュライデンにとってかなり嫌なことでした。グスタフ・テオドール・フェヒナーのアナロジー的な思考方法に、シュライデンは怒りを爆発させ、その際、月の問題にも触れました。彼はフェヒナーだけでなく、天気その他に月が影響するという昔からの考えに対して、つぎのように言いました。

「月の影響は、〈家計における猫〉のようなものだ。家計に、よく説明できないことが起こったら、〝猫がした〟と言う。自然のなかに、太陽の運行に帰すことのできないもの、天気の状態や何かを発見すると、〝月が介入しているのだ。ほかの原因から説明できないものは、月によって引き起こされているのだ〟と、人は語る」

このように、シュライデンにとって月は、〈自然研究における猫〉のようなものでした。説明できない自然現象を、「月がそうしたのだ」と言うのは「月信者」だ、と彼は非難しました。

グスタフ・テオドール・フェヒナーは、自分のことが批判されているのだ、と感じました。矛先は、おもに彼に向けられていたからです。そこで彼は、非常に刺激的な仕事に着手しました。個々の点は今日では凌駕されているとはいえ、一八五六年にフェヒナーが著した論文『シュライデンと月』は非常に興味深いものです。潮の満ち引きに関しては、シュライデンも認めているので、フェヒナーは特に取り上げる必要はありませんでした。それに対して、天候はシュライデンにとって、〈自然科学における猫〉のようなものでした。

雨量

フェヒナーはシュライデンが月について行なったのとまったく同じ題材で実験し、その実験から注目すべき結論を引き出しました。『シュライデンと月』を手にして、解説を吟味すると、グスタフ・テオドール・フェヒナーは、この領域に関して非常に慎重な人であることが分かります。彼は、この領域に関しては、自然科学的に仕事に取り組んでいます。

グスタフ・テオドール・フェヒナーは、数多くの観察を行ないました。そして無数の事実から、雨量および降雨日が、月が満ちるときのほうが月が欠けるときよりも多いということを示しました。月が近地点にあるときは雨量・降雨日が多く、遠地点にあるときは少ないのです。

月が満ちていくときの雨量と、欠けていくときの雨量の比は、一〇七対一〇〇です。フェヒナーは非常に慎重に仕事に取り組みました。

これは二〜三年の観察ではなく、何十年にもわたるものです。一カ所ではなく、ヨーロッパのさまざまな地点での観察です。

フェヒナーは偶然を除外するために、「これは単なる偶然だと仮定して、一〇七対一〇〇の比が現われるのは、ほかのものが天気に作用したのだとしてみよう」と言いました。そしてフェヒナーは、偶数日と奇数日における天気を調べました。「満ちる月・欠ける月が原因でないなら、月が満ちていくときと欠けていくときの代わりに、偶数日と奇数日で同じ割合になるか、調べてみなくてはならない」と思ったのです。しかし、そうはなりませんでした。まったくばらばらの数字が出てきました。一定の数ではないので、偶然だと言うことができます。それが世界を驚かすような結論ではないことを、フェヒナーは知っていました。「月は天気に大きな影響は与えない。しかし、月は天気に影響するということを、事実は語っている」と思わねばなりませんでした。フェヒナーはまったく科学的に処理し、厳密な科学者がさまざまな観察地点で得た結果のみを採用しました。それから、彼は熱その他の生命現象に関して同様の実験をし、意味深くはないものの、否定的ではない結果を得ました。「民間信仰的な現象が、月が満ちていくときと欠けていくときとでは、異なって経過することを否定できない」という結果が得られました。

月に関する過去の見解が、才気あふれるフェヒナーにおいて、一九世紀中葉に最後の戦いを行なったのです。

科学

これは、「事物の霊的原因をもはや受け入れないように、科学は私たちを強いる」という主張がまったく不正であることを示す例です。今日、科学は単純な物質を生命実質に結び付ける技術の入り口に来ています。たとえば、単純な形態のなかに、卵白の成分である炭素・水素・窒素などから蛋白質を製造できるようになるまでには、まだ時間がかかるでしょう。しかし、いまの科学の傾向から、いつかはそのようなことが起こる、と認めねばならないところに来ています。そのようなことが起こると、個々の物質が精神存在へと形成されるという、一元論的な見解をだれもが持つようになる、と主張する人々がいます。

別の人々は科学の新しい目的と成果を引き合いに出して、「感覚が知覚するもの、外的な科学が語りうるものの背後に精神的なものを認識するのが正当であるとは、もはや語られなくなる。感覚的に知覚できるものの背後に、何らかの生命叡智があると主張した時代から、私たちはとっくに抜け出たのだ」と、語ります。

そこで、「精神探究を拒むように強いるのが、本当に科学なのか。生命は物質的に組み立てられるものであって、精神を探求すべきでない、と強いるのが科学の結論なのか」という問いを投げかけることができます。その際、遠くない未来に、単純な物質から生きた蛋白質を製造できると信じる者の側に、私は立ちたいと思います。

ある時代には、炭素・水素などから、生命ある蛋白質を調製できると信じられただけでなく、レトルトのなかで人間を製造できると信じられていました。『ファウスト』第二部に、その話が出てきます。個々の成分から人間・ホムンクルス(注1)を製造できるという信仰は馬鹿げている、と思われています。

小さな蛋白質のかたまりを製造できる、と信じていただけではないのです。当時は、感覚的なものの背後に霊的なものが存在するということを、だれも疑いませんでした。そこから、いかなる「科学」も精神を否定しない、と歴史的に証明できます。精神を否定するのは、まったく別の原因によるのです。つまり、精神を感じるか感じないかという、人間の能力にかかっているのです。今日の科学も、これからの科学も、精神を否定するように私たちを強いることはできません。人は完全に科学の土台に立つことができます。精神を認めるか否定するかは、科学によるのではなく、精神を感じることができるかできないか、精神を認識できるかできないかによります。

私たちは、精神科学の視点にもシュライデンにもフェヒナーにも賛成する必要なしに、感覚界を眺めるシュライデンが現象の背後に精神や心魂を探すことを拒んだのを理解できます。彼は科学的な根拠から拒んだのではありません。彼自身が、現象の背後に探究されるべき精神に共感を持たなかったからです。彼は明らかなものだけに慣れ過ぎていたのです。

フェヒナーは、シュライデンとはまったく異なった人物でした。彼は精神に目を向けました。彼は失敗に失敗を重ねましたが、精神に目を向けた人物でした。それゆえ彼には、天体の影響を否定しない傾向があったのです。フェヒナーは、「月は単に望遠鏡で見ることのできるような形態のものではない。ほかの現象と同じく、心魂を有するものだ。だから、月の心魂から地球の心魂への作用が存在すると想定できる。その作用は、日常生活の深みや気象現象のなかに現われる」と、思いました。

（注1）ホムンクルス　人造人間。

実生活の検証

精神探究は実際的なものに取り組みます。精神探究が語ることは、生活実践をとおして証明されます。フェヒナーは、生活実践への適用をとおして証拠を示し、自分の見解の正しさを主張しました。

「月に関する、シュライデンと私の論争は、ご婦人方に決着をつけてもらおう。私はつぎのような提案をする。洗濯には水がいる。その水を、雨から集めよう。シュライデンと私は一つ屋根の下で暮らしているので、水を集める時間を決めよう。私の妻は、月が満ちるときに水を集める。シュライデン夫人は月が欠けていくときに水を集める。そうしたら、シュライデン教授夫人がバケツ一四杯分の水を集めるのに対して、私の妻は一五杯分集めるだろう」と、彼は言いました。

このように私たちは、月の影響に関する、前世紀の人々の思考方法の性格を述べました。人間は科学的世界観をさらに押し進めていきます。シュライデン的な見解が押し進められ、月が天気などに関係するという信仰にしがみついている人間は夢想家・迷信家だ、と今日では言われます。今日では、賢明な人々も、月は潮の満ち引きにのみ影響する、という見解を持っています。その他のことは迷信であって、すでに克服されたとされます。

精神科学の土台に立てば、民間信仰のすべてを信じる必要はありません。そうでないと、迷信を精神科学と混同することになります。迷信というのは、民間信仰が誤解されたものです。町角で見ることのできる、月に関する迷信をたやすく示せます。

床屋は、店に月のしるしを取り付けています。なぜなのでしょう。カミソリの鋭さは、満ちる月に関係する、と一般に信じられていたからです。かつては、月が欠ける時期には、羊の毛を刈り取りませんでした。その時期に刈ると、羊の毛が生えなくなる、と信じられていたのです。そのような迷信からは、抜け出すべきです。髭を剃る男性は、月が欠けるときにも、髭が生えることを知っているでしょう。

潮の満ち引き

潮の満ち引きが月の作用によることは、今日、争う余地のない事実として通用しています。「潮の満ち引きが月の引力に関連していることは明らかだ」と、言われます。月の子午線の位置に、満ち潮を引き起こす引力がある、と言われます。月が子午線から出ると、引き潮になると言われています。潮の満ち引きは二回起こります。しかし、月は一回しか子午線に入りません。

ほかの事実も示唆できます。多くの旅行記が、地球のさまざまな場所で、月の子午線の位置と満ち潮とが関連しないことを示しています。多くの場所では、満ち潮が二時間から二時間半あとに生じます。科学は、「満ち潮が遅刻したのだ」と、逃げ口上を言います。潮の満ち引きを示す井戸があります。この現象は否定できません。満ち潮のとき、井戸も満ちます。「満ち潮が遅れ、引き潮が遅れる」と、人は言います。満ち引きが逆転するほど、遅れることがあります。

潮の満ち引きを引き起こす月の引力はどこから来るのか、と問うことができます。月は地球よりもずっと小さいので、地球の引力の七〇分の一しかありません。海のような質量を動かすには、何百万馬力が必要です。月がどこからその力を得るのか、ユリウス・ロベルト・マイヤー(注1)は非常に興味深い計算をしています。

「今日、科学的に議論の余地のないものは、じつは最も議論の余地のあるものなのだ」と言うことができます。その際、一つのことが非常に深い意味を持ちます。月の位置、月の影響、潮の満ち引きについて、直接的な影響を語ることが困難だと証明でき、あらゆる現象を計算に入れても、問題が一つ残ります。「潮の満ち引きの経過は、月が最も高い位置に来たときよりも、約五〇分遅れる」ということです。規則正しい潮の満ち引きという現象は、月の公転に相応します。これが、最も意味深いことです。

私たちは、「月は子午線上にあるとき、潮の満ち引きに影響しない。しかし、月の公転と潮の満ち引きの経過は関連・相応している」と、言わなくてはなりません。これは注目すべき事実です。

（注1）ユリウス・ロベルト・マイヤー　Julius Robert Mayer ドイツの医者・物理学者（一八一四年―七八年）。エネルギー保存の法則を定式化し、熱の仕事量を研究した。

晴雨計

さて、精神科学の思考の領域に導くために、同様の地上現象を示唆したいと思います。それについては、ゲーテがずいぶんと頭を悩ませました。この近代の偉大な人物が関心を持ったものについて、人々はほとんど知りません。私は長年ゲーテの自然科学論文に親しみ、ワイマールの〈ゲーテ－シラー文書館〉でゲーテの原稿を見ました。そして、多くのことに気づきました。

ゲーテの原稿のなかに、小論文「気象学」への「予備的研究」があります。その予備的研究を、ゲーテは非常な勤勉さで行ないました。ゲーテは繰り返し友人たちを研究に参加させました。この研究の目的は、「地上のさまざまな場所で、晴雨計の示度の経過が偶然にゆだねられておらず、規則的に生じる」のを証明することでした。「晴雨計の水銀柱の上昇・下降が、地上のさまざまな場所で規則的に経過すること」を証明するのです。

晴雨計の上昇・下降が、さまざまな場所で偶然によるのではなく、地球圏全体を貫く規則の下にあることを、ゲーテは証明しました。気圧が何らかの外的な影響の下にあるというのは正しくない、とゲーテは証明しようとしました。月・太陽その他の宇宙的影響が、空気の希薄化、気圧の変化の原因であると人々が考えていることを、彼は知っていました。しかし彼は、「星々の位置がどうであれ、太陽や月が大気圏に影響を及ぼしても、気圧の上昇・下降に関して、全地球に不変の法則性が存在する」と、証明したかったのです。地球そのもののなかに、晴雨計の上昇・下降の原因がある、と彼は証明しようとしました。

「地球は生命のない物体ではない。地球は、目に見えない部分に浸透されており、その部分から生命が発している。ちょうど、人間が物質的身体以外に、不可視の部分を有しており、その部分に浸透されているのと同じである」と、彼は示そうとしました。

人間が呼吸するように、つまり、人間が空気を吸ったり吐いたりするように、地球も生きた存在であり、呼吸しています。地球の呼吸・内的生命の現象は、晴雨計の水銀柱の上昇・下降において外的に表現されています。人間の規則的な呼吸は、内的な生命の経過から説明されます。そのように、ゲーテは晴雨計の上昇・下降を、地球の呼吸に起因するものとしました。

今日の科学は、晴雨計の上下の原因について、何も知りません。ですから、精神科学と外的な科学との関係について語る必要はありません。私たちは、「地球は心魂を有する存在であり、人間の呼吸と比較できる現象を、みずからの内に示す」とゲーテが確信していたということを示唆するだけで十分です。あるとき、ゲーテはエッカーマン（注1）に、潮の満ち引きという現象も、地球自身の内的な生命、生命プロセスの表現だと思う、と話したことがあります。

ゲーテの見方は、そのようなことがらに精神の目を向けた偉大な人物たちと共通しています。唯物論的に思考する人は、これらすべてを嘲笑するでしょう。しかし、生命に対する感覚を持っている人々のなかには、ゲーテと同様の見解を有する人々がいました。

たとえば、レオナルド・ダ・ヴィンチ（注2）です。彼は自然科学的な見解をまとめた素晴らしい本のなかで、地球の岩盤の構造を、地球の骨格と見なしています。地球の水の流れ、河川・水流は、人間の血液系に相当する、と彼は見なしています。潮の満ち引きも、地球の内的な規則的生命に関連している、と示唆されています。

ケプラー（注3）も自分の見解を、「地球はある点で、巨大な鯨のようだ。潮の満ち引きは、この巨大な鯨の呼吸のようなものだ」と、言ったことがあります。

そのような事実を、潮の満ち引きについてゲーテが語った見解と比べてみると、どうでしょうか。精神科学が、月相の経過と潮の満ち引きについて述べることを、ゲーテが「地球の内的生命と呼吸」について述べたことに関連させてみましょう。

（注1）エッカーマン　Johann Peter Eckermann　ゲーテの秘書（一七九二―一八五四年）。『ゲーテとの対話』を書いた。

（注2）レオナルド・ダ・ヴィンチ　Leonardo da Vinci　イタリア・ルネサンス期の画家（一四五二―一五一九年）。自然科学・機械工学・解剖学に関して、多くの手稿を残した。
（注3）ケプラー　Johannes Kepler　ドイツの天文学者（一五七一―一六三〇年）。ティコ・ブラーエの観測に基づいて、惑星の運動に関する「ケプラーの法則」を発見した。

人間の分析

私たちは精神科学の成果を土台にしなければなりません。精神科学の成果は、精神科学的な方法で探究するときにのみ得られます。ここで、私たちは最も危険な領域にいたります。現代の科学の土台に立つと信じている人々が、精神科学の夢想と見なす領域です。精神科学は夢想だと言って退けるよりも、精神科学が述べることを一つの刺激として考察するほうがよいでしょう。生活を詳しく考察すれば、その見解を証明するものを見出すことができるでしょう。

精神科学の探究者が、人間と周囲の世界について示唆していることを考察してみましょう。

精神科学的に考察すると、人間は単に感覚界に由来するのではありません。外的な感覚界の背後にある、世界の精神的な基盤に由来するのです。感覚界から生まれたのは、感覚的存在としての人間です。

感覚的な人体を精神と心魂が貫いており、人間の精神・心魂は、宇宙の精神・心魂から生まれたのです。私たちは人間の精神と心魂から、宇宙の精神と心魂について示唆するときにのみ、人間と宇宙の関係を洞察できます。

人間の心魂は、今日の心理学が言うような、曖昧なものではありません。私たちはまず、人間の心魂の部分のなかで、「感受的心魂(注1)」と名づけられるものを区別します。感受的心魂においては、個我はまだ自らをはっきりと意識せず、快と不快の領域、および感受的身体(注2)を仲介として到来する外界の印象に浸っています。感受的心魂のいとなみのなかに、個我はすでに存在しているのですが、まだ自らについて何も知りません。

個我は進歩し、心魂は第二の部分、すなわち「悟性的心魂(注3)」あるいは「心情的心魂(注4)」に進みます。ついで、個我が心魂にますます働きかけ、悟性的心魂から「意識的心魂(注5)」を構築します。このように、私たちは心魂を三つの部分、「感受的心魂、悟性的心魂あるいは心情的心魂、意識的心魂」に区分します。

個我は、この心魂の三部分に働きかけて、人間を完成させていきます。この心魂の三部分は、この世界のなかで人間のなかに生きており、人間をとおして仕事を果たし、人間の外的な身体性のなかに生きています。人間の外的な身体性をとおして、心魂の三部分は地上で活動できます。

まず、感受的心魂が自分の道具・担い手として感受的身体を有します。悟性的心魂の担い手は、「エーテル体」もしくは「生命的身体」と呼ばれるものです。そして、意識的心魂の担い手が「物質的身体」と呼ばれるものです。

私たちは人間の身体性も区分します。まず、鉱物界にあるものすべてと共有する物質的身体です。物質的身体は意識的心魂の担い手です。意識的心魂そのものではなく、意識的心魂の道具です。

つぎに、人間の身体性のより高次の部分を、人間は生物すべて、植物界と共有しています。植物において、成長・繁殖・栄養摂取の機能を引き起こすものが、人間のなかにも作用しています。それは人間のなかでは、悟性的心魂つまり心情的心魂と結合しています。植物が有するエーテル体は、悟性的心魂に浸透されていません。人間のエーテル体は、悟性的心魂すなわち心情的心魂の担い手であり、道具です。物質的身体が意識的心魂の担い手であるのと同様です。

鉱物界において結晶に作用するものは、人間において意識的心魂に浸透されています。動物の衝動や情熱を仲介するアストラル体は、人間において内的に深められ、感受的心魂の担い手になっています。そのように、人間の心魂〈感受的心魂、悟性的心魂あるいは心情的心魂、意識的心魂〉は、三重の身体性、つまり〈感受的身体・エーテル体・物質的身体〉のなかに生きています。

（注1〜5）感受的心魂、悟性的心魂、心情的心魂、意識的心魂、感受的身体　人間を身

体・心魂・精神に分析し、心魂をさらに三つに分けたのが、感受的心魂、悟性的心魂＝心情的心魂、意識的心魂。身体を三つに分けて、物質的身体・エーテル体・感受的身体とし、感受的身体と感受的心魂を合わせたものがアストラル体と呼ばれる。『シュタイナー用語辞典』参照。

睡眠中の人間

起きているときの人間はそうです。眠っている状態においては、異なります。ベッドに物質的身体とエーテル体を残し、アストラル体と個我は、物質的身体およびエーテル体から出ていきます。物質的身体に浸透する意識的心魂と、エーテル体に浸透する悟性的心魂も、物質的身体およびエーテル体から出て行きます。

人間は睡眠中、精神世界に生きています。しかし、地上で物質的身体とエーテル体の器官をとおして周囲を知覚することに慣れ過ぎているので、精神世界を知覚できません。睡眠中、この器官を脱ぎ捨てた人間は、精神世界を知覚できません。今日の通常の生活では、精神世界を知覚するための器官を持たないからです。

起きているときの人間と、眠っている状態の人間を考察してみましょう。今日の人間、特に都会で暮らしている人には正確には当てはまりませんが、人間が起きているとき、太陽は地上に直接的に作用しています。自然と生活のあいだに関係が保たれている、簡素な田園生活を見てみましょう。そこでは、日が昇ると人は起き、日が沈むと人は眠ります。人間の規則的な目覚めと眠りは、地上に照る太陽の作用に相応しています。

「太陽が、人間のアストラル体と個我、そして感受的心魂と悟性的心魂と意識的心魂を、毎朝、物質的身体のなかに呼び戻す。人間は起きているあいだ、地上にあるものを太陽の作用によって見る」というのは、単なるイメージではなく、深い真理です。人間は昼間、自分の構成要素すべてを結合しています。その状態で、太陽が人間の通常の生命観を呼び起こします。生活を表面的に考察しなければ、この関係を太陽が人間に仲介しているのが、容易に見出せます。

人間が地球と太陽に対して一定の関係にあることを、三つのことがらが示します。心魂、感受的心魂・悟性的心魂・意識的心魂に関して、人間は内的に自立した存在です。それらの担い手である物質的身体・エーテル体・感受的身体に関しては、そうではありません。心魂の三部分の覆い・担い手・道具は、外的な世界から構築されています。それらは、起きている人間に仕えるべく、太陽と地球の関係によって構築されています。

場所

人間の感受的心魂は、感受的身体のなかに生きています。感受的心魂の外的な道具である感受的身体は、その人間の故郷に、独特の方法で依存しています。人間は地上のある地点を故郷とします。ヨーロッパに生まれたか、アメリカに生まれたか、オーストラリアに生まれたかで、大きく異なります。

物質的身体と生命体は、直接的には故郷に依存しません。しかし、感受的身体は直接的に故郷に依存します。感受的身体への外的な作用に関しては、人間は内的に自由になっていけます。しかし、帰還本能が特別に形成されている土着の人々は、心魂によって身体の力をまだ克服していない、と言わねばなりません。彼らは他の地域に行くと、気難しくなったり、不機嫌になったりするだけではありません。慣れない土地なので、病気になることがあります。このように、故郷への感情、自分の生まれた地域への依存が表現されます。

しばしば、故郷に帰る見通しが立っただけで、健康を取り戻す人々がいます。病気の原因は物質的身体やエーテル体にではなく、感受的身体にあるからです。感受的身体が有する気分・情熱・欲求は、故郷からやってきます。人間がますます自由になることによって、高次の進化をとおして、人間は自分を土地に縛り付ける影響を克服していくでしょう。しかし、包括的に考察すると、自分のいる場所が太陽とどういう位置関係にあるかによって、人間のあり方が異なることが分かります。地上のどの場所も、日光の射す角度が違います。ものごとを包括的に考察する人には、人間が自分の住んでいる場所に依存していることが分かります。本能、文化の要素となる本能的な行為も、その人間が地上のどこに住んでいるかによります。

文化の発展において、二つのことを取り上げましょう。鉄の使用と、動物の乳を搾って食料を作ることです。ヨーロッパ、アフリカ、アジアで、この二つが発展しました。鉄の加工と、動物から乳を搾って食料を作ることです。これらの地域以外では、昔は、この二つはありませんでした。ヨーロッパからの移民が、この二つをもたらしたのです。シベリア全体に、動物の搾乳は太古からありました。ベーリング海あたりや、アメリカ先住民においては、動物の搾乳は行なわれていませんでした。鉄に関しても同様です。

いかに一定の本能が、人間が依存する地球の場所に結び付いているかが見られます。本能は感受的身体のなかに存在します。本能は特に、太陽と地球の位置に影響を受けます。

季節の交替

悟性的心魂の担い手であるエーテル体の活動は、季節の交替に影響を受けます。季節の交替のなかで表現される、太陽と地球の関係に、エーテル体は影響を受けます。このことは、精神科学によってのみ証明されます。しかし、精神科学の主張が正しいことを、地球進化の外的な事実をとおして納得できます。

地球上で季節が均等に交替するところでのみ、心魂の内的な活気は悟性的心魂つまり心情的心魂として発展できる、ということを考えてみてください。季節と季節が規則的に交替する地域においてのみ、悟性的心魂＝心情的心魂の担い手・道具が、人間の生命体＝エーテル体のなかで発展できます。

北に行ってみましょう。そこではエーテル体は、冬が長く、夏が短い状態の下にあります。ほかの地域の文化が移植されると、心魂はエーテル体に対抗するのが困難になります。そこでは、悟性的心魂が容易に取り扱える道具を、エーテル体から作ることが不可能です。熱帯に行ってみましょう。そこでは、規則的な季節の交替がないので、人間は無感覚になっていきます。自然のなかで植物の生命内の力が一年で交替するように、季節の交替をとおして、人間のエーテル体のなかで力が交替します。その力は、春の喜びの気分、夏への憧れ、秋の哀愁、冬の荒涼のなかに表現されます。人間のエーテル体のなかで、悟性的心魂のための正しい道具が作られるべきなら、規則正しい交替が必要です。

いかに太陽が、地球への関係をとおして人間に働きかけるかが分かります。

ついで、人間の物質的身体に行きましょう。意識的心魂が物質的身体のなかで規則正しく働けるためには、人間の生活状態が、昼と夜の交替に似た経過の下にあらねばなりません。眠らないと、周囲について有用な思考をできないことに、すぐ気づくでしょう。昼と夜の交替に相当する、眠りと目覚めの規則的な交替が、私たちの物質的身体を、意識的心魂の道具に構築します。太陽が人間の外的な覆いを、適切な方法で作り上げます。

人間が眠っている状態について、外的な科学が多くを知らないのは不思議ではありません。外的な科学は、肉眼で見ることのできるもののみに関わっているからです。夜に身体から出ていって、精神世界に滞在するものには、精神科学のみが取り組みます。それは、外的な感覚界にとっては不可視のものです。人間のエーテル体と物質的身体の外で発展するものには、何が影響を与えるのでしょう。

昼間、起きている人間には、主として太陽の影響が決定的なものです。眠っている人間には、奇妙なことが起こります。眠りは昼の体験にも作用します。眠りは、日中に使い果たした力を回復させます。日中に使い果たしたものが、別世界から補充されます。

起きている人間について述べたのと同じ方法で、外的な影響を証明する可能性はあるでしょうか。あります。そこに見出されるものは、月相の長さと一致するのです。月相と符合するとか、月相の作用があるとは言いません。人間が夜に受ける作用は、月相の経過と比較できる、と私は言うだけです。

つぎのように考えると、そのことを表象できます。例を二つ挙げようと思います。人生において生じるもののなかに証拠を探求すると、私が述べることの外的な証拠、精神科学の成果を見出すことができます。

創造的思考の周期

創造的に思考し、空想を羽ばたかせる人々は、いつも同じ方法で想像力を発揮することはできません。実直に仕事に取りかかる詩人は時々、「いまは、気が乗らない」と言って、沈黙することがあります。

その経過を自分自身で観察してみましょう。そうすると、気分・ファンタジー・暖かい感情を必要とする創造的な思考の周期が交替するのが分かるでしょう。そのような交替が存在します。それを観察できる人は、心魂には一四日の創造的周期があることを知ります。

その周期が過ぎると、思考作業にたずさわる人はだれでも消耗し、思考は非生産的になります。芸術家や著述家は、それに気づきます。彼らは、創造的周期が過ぎると、何も絞り出せないことを体験するでしょう。その時期には、心魂は絞り切ったレモンのようです。その時期に心魂は、作り上げたものを意志によって加工することができます。

詩人や芸術家は、常にそのように気づくわけではありません。しかし、ある時期には創造的な気分がやってきて、歌い、語り、描くことができ、別の時期は非生産的な時期なので、そうは行かないことを彼らは知ります。そこには、日々の経過は影響しません。人間の心魂が個我とともに、物質的身体とエーテル体から出ている時間が影響します。

一四日のあいだ、物質的身体とエーテル体から独立した人間のなかに、創造的な力が流れ込みます。続く一四日間は、創造的な力が注ぎ込まれません。そのようにリズムは進みます。

もっとはっきりとした証拠が、精神科学研究において見出されます。その研究は、任意の時間に取りかかることのできるものではなく、律動的な経過に左右されます。私は、いままでほとんど述べたことのないことを語りました。精神的探究をしているとき、人間はもちろん睡眠状態にはありません。人間はそのとき、感覚界から到来するものに対して、物質的身体が不活発な状態にあるだけです。

そのとき、人間は物質的身体とエーテル体の外にあっても、眠りはしません。人間は瞑想・集中をとおして、物質的身体とエーテル体から抜け出ても、意識を持続させる能力を獲得したからです。眠りに落ちるのではなく、精神世界を知覚できる能力を達成したからです。

今日の精神探究者には、はっきりと区分される二つの時期があります。一四日間は観察ができます。その間は、はっきりと自覚し、四方八方から精神界の成果が押し寄せてきます。ついで、その時期に受け取った力をとおして、精神界を照明し、インスピレーション(注1)、イマジネーション(注2)を自分の思考で貫き、手を加えて、厳密に科学的な形態にもたらすことのできる時期がやってきます。

思考とインスピレーションが、律動的に経過するのです。この二つの時期が、満月と新月のように交互に生じるのを、精神探究者は知ります。その律動的な経過が満月と新月に比較できることに、精神探究者は気づきます。インスピレーションを受け取る時期が満月、思考作業をする時期が新月に合致するのではありません。律動的な経過が、満月・新月と比較できるというだけのことです。それはどこから到来するのでしょう。

（注1、2）インスピレーション、イマジネーション　超感覚的認識の三段階（イマジネーション、インスピレーション、インテュイション）のうちの二つ。イマジネーションにおいては超感覚的事象がイメージの形で現われ、インスピレーションにおいて、そのイメージの意味が理解される。『シュタイナー用語辞典』参照。

地球の過去と月

地球を考察してみましょう。地球は過去の状態から進化して、発生しました。各人の心魂・精神が前世から現世に現われるように、地球は過去の惑星受肉状態から現われた、と精神科学は考えます。しかし、私たちの地球のなかに、地球の過去の受肉状態において生じたことがらの名残りが見られます。地球のまわりを巡る月の運行です。

精神科学では、月は地球に属するものと考えます。何が月を地球に結び付けているのでしょうか。月自身です。この点で精神科学者は、外的な科学と完全に一致しています。外的な科学にとっても、月はかつて地球から分離したものだからです。月はかつて物質的に地球に属していたので、いまのように地球のまわりを巡っているのです。ですから、月の運行は地球の過去の状態を示しています。私たちが月を見上げるとき、過去の地球の状態の名残りが見られるのです。地球の衛星のなかに、地球の過去の状態が含まれています。地球の衛星をとおして、地球の過去の状態を解明できるのです。

いかに人間の心魂が身体のなかに生きており、太陽の運行にさらされているか、考察してみましょう。そうすると、「今日の通常の意識では、太陽に向けられているものが、生まれてから死ぬまでに使い果たされる」と言わねばなりません。

今日、通常の意識が起きている状態で体験するものが、故郷・季節・一日に依存しているか、調べてみましょう。通常の意識は、誕生から死までの生活において使い果たされないか、調べてみましょう。地上への太陽の作用しかなければ、人間が意識のなかにほかのものを有することはないし、ほかのものが意識を照らすこともないでしょう。

人間のなかで受肉から受肉へと移りゆくもの、新しい人生に繰り返し現われるものは、外的な身体を貫く心魂・精神です。睡眠中に個我のまわりにあるアストラル体と個我そのものです。睡眠中、物質的身体とエーテル体から抜け出るアストラル体と個我は、死に際しても物質的身体から抜け出ます。そして生まれ変わるときに、新たにふたたび人間のなかに現われます。このリズムは、月のリズムに似た経過を示します。

人間の進化を考察すると、「人間が今日、地上で体験するもの、人間の個我が作り上げる感受的心魂・悟性的心魂・意識的心魂は、地上で初めて発展した。それらは、地球が太陽に向いている状態においてのみ発展する」と、私たちは思います。

地球は月に対して、過去の関係を保持しています。地球と月の関係は、過去の状態を私たちに示唆します。人間は今日の感受的心魂・悟性的心魂・意識的心魂をとおして、これらの心魂の担い手である物質的身体・エーテル体・アストラル体が準備された過去を示唆します。

心魂の三つの担い手を適切に作り上げるために、今日でも太陽の力が作用しなければなりません。同様に、それらを用意するために、かつて月の力が人間に働きかけねばなりませんでした。今日、月の力の経過は律動的に整えられており、内的な人間も律動的に整えられています。

そのように、かつて月の力が人間と調和し、今日の人間を用意しました。地球が月状態にあったときに、今日の地球が準備されたのと同様です。

感受的心魂・悟性的心魂・意識的心魂の土台となる、人間の低次の本性が過去の地球の状態を示唆します。その過去の状態は、今日の月の運行に示されます。人間の内面は、輪廻転生していくことによって、月のリズムに相当するリズムを持つようになりました。無常な身体ではなく、内面から身体に働きかけるものが、地球進化のかつての段階において、月と結び付きました。今日、外的な身体が太陽と結び付いているのと同様です。

地球は月のなかに、みずからの過去の状態をいくらか保っています。人間は内面、自分の永遠の部分に、過去の状態のなにがしかを保っています。かつて外から影響した高次のものを、人間は内面で、内的に独立したかたちで発展させます。

自立していく人間

人間は外的な影響を越えて成長するということを、私たちは強調しなくてはなりません。人間は自立していき、今日では、昼寝をしたり、夜起きていたりできます。しかし、人間は本来、太陽のリズムにしたがって、眠りと目覚めの交替を整えねばなりません。かつては、内的な昼と夜が、外界の昼と夜に完全に相応していました。そのころ、人間はまだ土地に縛られていました。人間は外界のリズムから解放されることをとおして自立し、自由になります。リズムを維持してはいても、もはや外界に依存しません。

時計を外界の時刻に合わせないと、実際は一二時でも、その時計の針は一二時を指しません。その時計は、外的なリズムに従ってはいても、太陽時と一致しません。

人間は、外的なリズムを内的なものにすることによって、内的に自由になります。人間は月相を内的に体験するけれども、空の月によって刺激されるのではない、と私は強調しました。

人間は内的なリズムを保ちながらも、外界のリズムから独立して、自由になりました。空の月は、みずからのリズムで運行しているだけです。

地球がまったく生命的な存在であることを、私たちは確かめることができます。しかし、地球は物質体のみを私たちに示すので、生命的なものだと感じられません。地球は、まだ月に結び付いています。こうして、なぜ潮の満ち引きに対する月の影響について、外的な事実によって語ることができないかが理解できます。私たちは、「潮の満ち引きは、月の運行に相応している。しかし、私たちは直接的な月の影響について語ることはできない。月が潮の満ち引きを引き起こしているのではないからだ。潮の満ち引きと月の運行は、深い霊的な力によって、生命的な地球のなかで生じている」としか言えません。

月の運行と潮の満ち引きは相応しています。しかし、それらは直接的に依存してはいません。人間の創造的・明視的なリズムが、今日の月に直接的に依存していないのと同じです。

精神科学によって、外的な事実をみごとに説明できます。潮の満ち引きは、地球の内的な経過に相応します。その経過は潮の満ち引きだけでなく、月の公転も引き起こします。時計の経過が外的な太陽時と相応するように、それらはたがいに相応します。しかし、太陽が時計の針を動かしている、と主張することはできません。そのように相応するのは共通の原因によるのですが、どちらかがその動きを引き起こしているのではありません。精神科学の前提を受け入れ、月と地球、潮の満ち引きの現象すべてを記録した本を調べると、月と地球の本当の関係、月と人間の本当の関係が見出せるでしょう。

人間が独立せず、意識的な状態から無意識へと下降するなら、過去の進化段階に戻ります。人間は無意識から、今日の意識へと進歩してきました。かつては月に依存し、月の影響を受けていました。そこから人間は、今日のように、月から独立し、太陽から独立してきました。ですから、「昔は、人間は月に依存していた。だから、意識状態が昏くなったときに生じるものは、月の運行に結び付いている」と、言わねばなりません。

この経過は、古くから相続されてきた月相との関連を示します。霊媒的な素質のある人は、本来の個我意識が昏くなっており、かつての進化において存在したものを、先祖返り的に示します。彼らには、かつての月の影響も見られます。同様に、ある種の病気によって、意識が昏くなることがあります。

この原則を知れば、精神科学によってさまざまな現象が把握できます。精神科学が語ることを証明するものが、生活のいたるところに見出されます。

人間は死と再誕のあいだに精神世界を通過して、ふたたび身体のなかに現われます。昼の光の下を歩むまえに、人間は地球の過去を思い出させる状態から生まれ出ます。胎児の生育は、陰暦で数えられます。胎児期には、十月《とつき》で経過するリズムがあります。日光の下に現われるまえ、胎児は月のリズムに結び付いている状況下で発育します。地球は、現在の姿になるまえに体験したものを、月のリズムのなかに保っています。胎児の生育を考察すると、十月《とつき》のあいだ、各週の月相が胎児の発達の特別の段階に相応しているのが分かります。ここでも人間は、月のリズムと結び付いています。

編訳者あとがき

視床下部《ししょう》の視交叉上核《しこうさじょうかく》が体内時計の働きをしており、人間の生体リズムは二五時間になっています。これを自然界の二四時間リズムと調整しながら、人間は生きています。海辺の生物は潮汐《ちょうせき》リズム（一二時間）に従っています。渡り鳥や、魚の遡上、動物の繁殖・冬眠などは概年《がいねん》リズム下にあります。

その他、人間の身体や感情や知力の好調・不調について、さまざまな周期が唱えられています。

家庭の幸福にとって大切なのは、親が安定した人生観を持っていること、よい食事をしていること、そして日々の生活、一週・一年の経過に適度のリズムがあることです。

起床と就寝、そして食事が日々のリズムの基盤になります。

昭和三〇年代の中学生は九時半に寝ていたのが、いまでは一一時二〇分ごろになっているといいます。高校生は一二時、小学校高学年の生徒は一〇時すぎに就寝しているそうです。大人の夕食の時間も、昭和六〇年には七時までにすませている人が六割以上、七時台の人が三割強だったのが、最近では七時までに夕食をすます人が四割ほどで、六割弱の人々が七時すぎになっています。

このような状況下で、たとえば五歳児の場合、四分の一が生活習慣病予備軍で、子どもの四割がアレルギーを持っています。

「はしがき」に書いたように、「低学年のこどもなら7時から8時、大人なら9時から10時」(S・R・ジョンソン「眠りの大切さ」)に寝るのがいいのですし、人智学という精神科学の創始者ルドルフ・シュタイナー(一八六一―一九二五年)は、蛋白質・脂肪・炭水化物・塩の四つを人間は栄養として必要とする、と繰り返し述べています(いまでは、環境汚染や飼料・農薬・食品添加物の問題がありますが)。

食事については、シュタイナー『人間の四つの気質』(風濤社)のなかの「何を食べるとよいか」や、同『健康と食事』(イザラ書房)を参照してみてください。料理するときの気分、食事するときの気分が栄養摂取に影響する、という説もあります。

一週も、何曜日は何々の日という楽しみがあれば、張り合いがあるでしょう。

シュタイナー派のA・ボッケミュールは「個々の行為を〈人間的なテンポ〉で行なうこと」が大切であり、「〈ゆっくり生きること〉が、そもそも生きるということ」なのだと述べています(『女性の人生における自己発見と母親であること』)。

＊

本書は、シュタイナーが人間と地球・宇宙のリズムについて語った講義を集めたものです。

頭と腹の呼吸リズムを指摘した「宇宙と人間のリズム」と、肺と腎臓をテーマにした「血圧について・呼吸について」は、一九二三年七月下旬にドルナッハ（スイス）で行なわれた『宇宙と人間存在におけるリズム』の第一講および第二講です。これらは一九四九年に、『宇宙と人間のリズム』というタイトルでドルナッハで出版されました。肉体の動きとエーテル体（生命実質）の動きの差異を解明した「体操・踊り・スポーツ」は、おなじく一九二三年の五月から六月にかけてドルナッハで行なわれた講義『人間と地球のなかにおけるエーテル的なものとアストラル的なものの働き』の第一講です。この講義は『ドルナッハのゲーテアヌムの労働者に行なわれた七講義』という題で、一九四七年にドルナッハで出版されました。現在では、以上三つの講義はシュタイナー全集三五〇巻『宇宙と人間存在におけるリズム─いかにして精神界の観照にいたるか』に収録されています。

排泄について論じた「人体の構築と崩壊」は一九二四年二月二三日、陸地と海と人体左右について述べた「水の流れと宇宙」は同年二月九日、ともにドルナッハで行なわれた講義で、一九五〇年に『自然と人間についての精神科学的認識』という題でドルナッハで出版されました。いまでは全集三五二巻『精神科学的に考察した自然と人間』に収められています。

順序が後先になりましたが、「墓地の話」は、一九二四年三月から六月にかけてドルナッハで行なわれた講義『人類の歴史と文化民族の世界観』（全集三五三巻）から、最初の話題と最後の話題を訳出したものです。最初の話題（墓地の雰囲気）は一九五〇年にドルナッハで出版された『人類の歴史と文化民族の世界観』、最後の話題（男女における髪）は一九五二年にドルナッハで出版された『近代の哲学者―星天と人間と神霊存在との関連』に収められています。

「地球のリズム」は、一九二三年三月から四月にドルナッハで行なわれた講義『地球の呼吸過程としての季節の循環と四季の祭』の第一講です。この講義は一九三六年にドルナッハで出版され、現在では全集二二三巻『地球の呼吸過程としての季節の循環と四季の祭―アントロポゾフィーと人間の心情』に収録されています。

「太陽・月・星」は一九〇八年三月二六日、「月のリズム」は一九〇九年一二月九日、ともにベルリン（ドイツ）での公開講演です。前者は一九六五年に全集五六巻『心魂と精神の認識』に収められ、後者は一九二九年にドルナッハで出版された『心魂体験の道』に収められたあと、同タイトルで全集五八巻に収録されました。

＊

季節に関してシュタイナーは、連続講義『四季の宇宙的イマジネーション』（水声社）や『人間の心魂と神霊個体―季節の内面化』（全集二二四巻）でも語っています。そのほか、シュタイナー系の学校・施設でよく読まれるものとして、次のようなものがある。
復活祭に関しては「聖霊・子・父の秘儀」（全集九六・九七巻所収）「秘密―聖夜と復活祭のゲーテの詩」（全集九八巻所収）「復活祭―未来の秘儀」（全集一〇二巻所収）「霊的な復活祭の鐘」（全集一〇九巻所収）「死を通過した神の衝動の事実」（全集一三〇巻所収）「バルドル神話と聖金曜日の秘儀」（全集一六一巻所収）「復活祭―警告の祭」（全集一九八巻所収）「復活祭の思想―昇天の啓示と聖霊降臨祭の秘密」（全集二〇三・二〇四巻所収）「人類の秘儀の一部としての復活祭」（全集二三三a巻所収）
聖霊降臨祭とヨハネ祭に関しては「アルファの神とオメガの神―聖霊降臨祭の考察」（全集一〇九巻所収）「聖霊降臨祭―自由な個人の祭」（全集九八・一一八巻所収）「宇宙の聖霊降臨祭―アントロポゾフィーの福音」（全集二二六巻所収）「カルマ理解の感受的基盤としての聖霊降臨祭の思想」（全集二三六巻所収）
ミカエル祭に関しては『ミカエルの使命』（全集一九四巻）「ミカエルと龍の戦い」（全集二三六巻所収）
クリスマスに関しては『キリスト衝動をとおしての人類の精神的結合』（全集一六五巻）『密儀の真理とクリスマス衝動』（全集一八〇巻）『北欧と中欧の精神衝動』（全集二〇九巻）「クリスマスの符号と象徴」（全集五四・九二・九六巻所収）「クリスマス―生命叡智の考察」（全集一

〇一巻所収）「クリスマス・ツリーの象徴」（全集一一七巻所収）「クリスマスの秘儀—キリストを告知する見者ノヴァーリス」（全集一〇八・一一七・一四三巻所収）「冬至とクリスマスの気分」（全集一二五巻所収）「時代の変遷におけるクリスマス」（全集一二五・一二七巻所収）「クリスマスの夜の闇から地上の光が誕生する」（全集一四三巻所収）「子どもの力と永遠の力」（全集一五〇巻所収）「改新されたキリスト理解によるクリスマス—宇宙的キリストと私たちのなかでのキリスト認識の誕生」（全集一五六巻所収）「クリスマスの思想と個我の秘密」（全集一六五巻所収）「高みからの開示と地上の平和」（全集一七三巻所収）「そして神は受肉した」（全集一八〇巻所収）「人間の心魂のなかでのキリストの誕生」（全集一八七巻所収）「新しいイシス・神的ソフィアの探求」（全集二〇二巻所収）「二つのクリスマスの告知」（全集二〇三巻所収）「キリスト出現の祭」（全集二〇九巻所収）、年末年始に関して「宇宙の新年—オラフ・オステソンの夢の歌」（全集一五八・二七五巻所収）『宇宙の大晦日と新年の思想』（全集一九五巻）

これらの講義で語られているのは、ヨーロッパ文明・キリスト教文化における祝祭の意味です。私たちには、人類学的・民俗学的・宗教学的に日本各地の文化・風習を研究する必要があります。地球的・普遍的なものが、欧州にも日本にも生きています。日本の行事を廃して、西洋の祝祭をそのままの形で移植しようとするよりも、日本の四季の習慣に秘められた叡智を生かすことが大事です。

＊

古生代のカンブリア紀には、地球は二一時間で自転しており、一年は四二〇日ほどだった、と言われています。魚が出現したデボン紀には一年が四一〇日、爬虫類が発生した中世代には三七〇日だったと推測されています。これからも、地球のリズムは変化していくでしょう。

アメリカの学者の研究では、禁酒・禁煙で、三食を適量にし、ほどよい運動をして、七〜八時間眠っていると、女性は七年、男性は一一年長生きするそうです。それはともかく、人智学・シュタイナー教育の世界では、頭と心の健康のために、酒を飲まないこととテレビを見ないことが常識になっています。もちろん、自発的に納得してそうするのがよいのであって、外から規則で縛るものではないでしょう。

みなさまが本書から、よりよい生活のための示唆を読み取ってくだされば幸いです（戦争になったら、規則正しい生活などと言っていられないでしょうが）。

このたびも、風濤社相談役の柏原成光氏に大変お世話になりました。同氏の絶えざる励ましに、感謝いたします。

二〇〇三年季春　　西川隆範

ルドルフ・シュタイナー (Rudolf Steiner)
1861年ハンガリーで生まれ、1925年スイスで没したオーストリアの精神哲学者。自然科学研究・哲学研究を経て、独自の精神科学＝人智学Anthroposophieを樹立。教育・医学・農業・芸術の分野で大きな業績を残した。著書に『シュタイナー自伝』(アルテ)、講義録に『シュタイナー世直し問答』(風濤社)、『人間理解からの教育』(筑摩書房) など。全354巻の『ルドルフ・シュタイナー全集』は、ルドルフ・シュタイナー出版社 (スイス) から刊行されている。

西川隆範 (にしかわ・りゅうはん)
1953年京都市生まれ。奈良西大寺で得度、高野山宝寿院で伝法灌頂。ドイツのキリスト者共同体神学校に学ぶ。スイスのシュタイナー幼稚園教員養成所講師、アメリカのシュタイナー・カレッジ客員講師を経て、多摩美術大学非常勤講師。おもな著書・訳書に『職業のカルマと未来』『シュタイナー教育ハンドブック』『シュタイナー心経』『シュタイナー式優律思美な暮らし』『シュタイナー　天地の未来』『シュタイナー用語辞典』(風濤社)『シュタイナー経済学講座』(筑摩書房)『生き方としての仏教入門』(河出書房新社)『神秘的事実としてのキリスト教と古代の密儀』『シュタイナー仏教論集』(アルテ)『ルカ福音書講義』『第五福音書』(イザラ書房)『創世記の秘密』『釈迦・観音・弥勒とは誰か』(水声社)『薔薇十字仏教』(国書刊行会)『インドの叡智とキリスト教』(平河出版社) など。2013年没。

＊本書は2003年4月、刊行の同タイトルの新装版です。

人体と宇宙のリズム 【新装版】

ルドルフ・シュタイナー 著
西川隆範 編訳

2020 年 9 月 5 日　初版第一刷発行

発行者…………高橋 栄
発行所…………風濤社
東京都文京区本郷 4-12-16-205　〒113-0033
TEL. 03-5577-3684
FAX. 03-5577-3685
印刷所…………吉原印刷
製本所…………難波製本
題　字…………松田奈那子
落丁・乱丁はお取り替えいたします。

ISBN 978-4-89219-457- 3